42 km 195

Du même auteur

Je voulais vous donner des nouvelles, nouvelles, Odile Jacob, 2009.
Ma petite Française, roman, Le Seuil, 2011.
Guide de voyage météo, avec Louis Bodin, Odile Jacob, 2013.
Un été sans alcool, roman, Le Seuil, 2014, Prix Arverne 2015, Prix littéraire national de l'Audiolecture 2016.
L'Histoire à la carte, avec Thierry Marx, La Martinière, 2015, Prix des Écrivains gastronomes 2016.
42 km 195, roman, Flammarion, 2015 et Audible, 2016.
Les fantômes du 3e étage, roman, Seuil, 2017.
Chefs à la carte, avec Thierry Marx, Seuil, 2017.

Bernard Thomasson

42 km 195

roman

Flammarion

ISBN : 978-2-0814-1539-3

« Courir c'est être libre
Libre dans l'espace
Libre dans le temps
Libre dans la société
Libre dans sa tête. »

Benedict Maverick

Courir.

Courir est mon plaisir. Une échappée belle à portée de jambes. L'impression de tout quitter pour se fondre dans le milieu qui vous accueille. J'affectionne surtout les petits sentiers de terre perdus dans la nature.

Courir est un besoin. Une bulle qui suspend la vie. Le sentiment de retrouver la partie de soi perdue dans le maelström de l'existence. J'aime sentir mon corps dans son effort physique, et fouiller mon esprit – oserais-je dire mon âme – sans contrainte. Une forme de contemplation.

Courir offre une liberté insolente. Toutes les frontières sont abolies, celles du temps et celles des hommes. Seul l'horizon compte, une ligne de fuite ouverte. Avec l'ambition de se projeter dans un avenir immédiat : il faut juste engager la foulée suivante.

Mais attention ! Courir peut rendre prisonnier. Quel paradoxe ! Car l'addiction guette. On prend vite goût à la montée des endorphines. Benedict a succombé à cette aliénation. Moi, au contraire, courir m'a sauvé.

Échauffement

Tout commence la veille. Religieusement, hier soir, j'ai disposé ma tenue sur le lit de la chambre d'amis. Au niveau de l'oreiller, le bandeau anti-sueur : un orange fluo assorti aux chaussettes à l'autre bout du matelas. Puis le tee-shirt avec, dans le dos, le grand cœur rouge dessiné au-dessus du courriel pour les dons et, sur le devant, le dossard tenu par des épingles à nourrice, quatre, une à chaque coin. On n'imagine pas combien la fixation de ce carré exige de minutie. Il faut calculer au millimètre près pour éviter au tissu des plis dont le frottement, à la longue, finirait par irriter. Énervé par plusieurs essais infructueux, le maillot posé bien à plat sur une table, j'ai fini par l'enfiler, par bomber un peu le torse, et Manon a pu agrafer le dossard (qui, contrairement à ce que présume son nom, présente l'étrange spécificité d'être accroché sur le ventre). Option polyester et élasthanne, à la fois « respirant », « souple », et « protecteur », pour cette pièce maîtresse. En effet, durant les dernières sorties longues, j'ai testé le coton, rigide et trop chaud. En outre, ce genre de vêtement en microfibres est fun, très flatteur puisqu'il suit la ligne du corps avec économie, et il s'avère efficace pour absorber la transpiration et maintenir à l'aise. Ensuite, le short. Simple, léger, ample, avec slip intégré, là encore pour éviter toute irritation. Les demi-bas de contention qui vont recouvrir mes mollets. Il paraît que cela aide pour la circulation et permet d'éviter les crampes. Les chaussettes, en coton elles, sont renforcées au talon et vers les coussinets qui forment la partie haute de la voûte plantaire. Enfin, les baskets. Mes Asics. Je ne cours qu'avec cette marque. J'aurais tout aussi bien pu choisir Nike, du nom de la déesse grecque personnifiant la victoire. Mais j'ai opté pour Asics. Pour leur ligne, leur confort, parce que je kiffe l'acronyme *Anima Sana In Corpore Sano* (« Une âme saine dans un corps sain »), et parce qu'elles sont fabriquées au Japon, le pays de Murakami, ce fou de course et génie de l'écriture. Semelle régulière : je ne suis ni pronateur (pied vers l'intérieur), ni supinateur (pied vers l'extérieur).

Voilà tout mon accoutrement aligné sur le lit.

Hier soir, on aurait dit un Pinocchio immobile, prêt à s'animer. Et vers minuit, pendant que je tournais sous la couette dans la fébrilité d'un gosse qui n'arrive pas à s'endormir la veille de Noël, lui n'attendait plus qu'une chose, que je lui donne vie.

Mission accomplie ce matin : mon Pinocchio trottine gentiment près de l'avenue Foch. Il n'est pas le seul. Des dizaines, des centaines, des milliers de marionnettes s'éveillent doucement. Les unes, encore allongées, inspirent en profondeur comme pour envoyer du souffle dans leurs membres engourdis. D'autres sont déjà assises et déplient, qui un bras, qui une jambe, qui un tronc peu pressé de s'extirper de sa gangue de sommeil. Des fils invisibles font doucement pivoter les têtes autour de leur cou, ou donnent aux épaules un petit mouvement de rotation. Au début, les gestes peuvent être un peu mécaniques, saccadés, mais ils finissent par s'harmoniser.

Peu à peu, les marionnettes se font humaines.

On voit des hommes debout, appuyés à un arbre, le corps plié pour assouplir les muscles. Des femmes qui pratiquent des exercices de gymnastique précis afin d'amener leur organisme à une température un peu plus élevée que les douze degrés de ce début de dimanche.

On a beau être en avril, le frais du petit jour garde tout son sens. Il me rappelle mes matins d'enfance, lorsque j'attendais le bus scolaire à huit heures, en toutes saisons. Ma mère parfois m'emmitouflait dans plusieurs couches successives d'habits, comme des pelures d'oignon, pour m'éviter de geler sur place. Et sa voix douce d'infinis conseils : « Philippe, tu n'enlèveras ton écharpe qu'une fois entré dans le bâtiment du collège !

— Mais, maman, le bus est chauffé.

— Je ne veux pas que tu attrapes le froid.

— Bon d'accord, je verrai…

— Non ! C'est tout vu, tu vas faire ce que je te dis ! »

Maman avait raison. J'étais abonné aux angines. Tout le contraire de Rafaël, solide comme un roc. Avec nos deux ans d'écart, il était déjà pensionnaire au lycée quand j'allais encore au collège voisin. Mon frère a toujours été un grand sportif : basket, tennis, squash, natation. Tout lui réussissait. À l'inverse, ma santé fragile m'a toujours éloigné des stades et des gymnases. J'étais régulièrement dispensé de cours d'éducation physique.

Et me voilà aligné pour le marathon de Paris ! Quel paradoxe… Lorsque je lui ai présenté mon projet, surtout après ce qui m'est arrivé, Rafaël m'a dit sa fierté, et celle qu'aurait eue maman. Avec Manon et Emy, ils sont déjà positionnés au cinquième kilomètre. Ils vont m'encourager à plusieurs points du parcours. Maman me manque, aujourd'hui.

« Je crois qu'on va avoir un temps idéal, me glisse un quadragénaire qui se retrouve à ma hauteur.

— C'est quoi, un temps idéal ?

— Pas trop chaud ! Surtout pas trop chaud. Mieux vaut se les briser un peu avant le départ, mais ne pas être écrasé dès le milieu de matinée. J'ai connu ça à Saragosse, il y a deux ans – pourtant en automne, fin septembre. Un putain de cagnard ! J'ai failli ne jamais en voir le bout.

— Ah… Et vous avez terminé quand même ?

— Sur les genoux. Lessivé, épuisé, vidé. 4 h 05. Mon plus mauvais temps. Et toi ?

— Heu… moi… c'est mon premier.

— Génial ! Pour le premier, tu sais, le seul truc qui compte, c'est de finir ! »

Y parviendrai-je seulement ? Quelle folie ! À quelques minutes du coup de pistolet, mes doutes s'amplifient. Suis-je bien en état d'avaler ces 42 kilomètres 195 ? Je me suis lancé ce défi pour me prouver que je peux vivre encore. Malgré les épreuves. Malgré ma nouvelle vie.

J'ai peur. Peur de ne pas atteindre cette foutue ligne d'arrivée. Peur de m'effondrer comme le valeureux Phidippidès, mort d'épuisement après avoir couru pour annoncer aux Athéniens la victoire sur les Perses à la bataille de Marathon, ainsi que le dépeint le tableau de Luc-Olivier Merson, *Le Soldat de Marathon*[1].

Pourtant je dois le faire. Au moins pour Manon, qui m'a soutenu sans relâche. Je le dois aussi à toute l'équipe qui m'a entouré et porté durant ces longs mois difficiles. Pour eux, je ne peux défaillir. La défaite m'est interdite.

Mais, dès qu'il s'agit de sport, surtout d'une course sur une telle distance, n'est-ce pas le corps qui décide, et non le cerveau ?

Encore que…

---

1. Toutes les œuvres citées sont référencées à la fin du livre.

Départ !

Le mental. Maverick le martèle dans son livre. Une volonté de fer, un moral d'acier, un tempérament trempé. Si les jambes flanchent, il faut tenir dans sa tête. L'Américain raconte comment il se jouait régulièrement le couplet de la visualisation : « S'imaginer en train de vivre chaque instant de l'épreuve. Fabriquer les images de ce qui peut arriver, aux ravitaillements, si une crampe survient, ou face au "mur" du trentième. Au moindre coup de mou, penser à l'instant où le pied écrasera la ligne d'arrivée. Mentaliser tout. Comme un tueur du ring pratique le *shadow-boxing*. Les événements déjà vécus en virtuel sont plus faciles à appréhender en réel. » Facile à dire…

Avant de me lancer dans cette aventure, j'ai visualisé à ma manière. En dévorant des dizaines de livres sur la course, depuis plus d'un an. Derrière chaque histoire, il y a une passion, un parcours humain, un cœur qui bat. Cela ne peut me laisser indifférent. J'ai donc tourné des milliers de pages, d'Hérodote à Jean Echenoz, d'Alan Sillitoe à Henry de Montherlant, de Christopher McDougall à Benedict Maverick.

Benedict, je suis tombé dessus par hasard, chez un bouquiniste du quai Voltaire, un dimanche où j'allais m'entraîner près de la Seine il y a un an et demi. Je flâne rarement devant ces boutiques extraordinaires constituées d'une simple boîte qui, une fois dépliée, devient une véritable devanture de librairie. Leur côté suranné ajoute au cliché du Paris touristique, avec tous ces ouvrages d'une autre époque, aux reliures de cuir, aux pages un peu rigides, au format hors du temps.

Le destin m'a conduit à passer tout près d'une de ces cavernes d'Ali Baba, mais aussi à laisser traîner mon regard vers la table où s'empilaient des grands manuels géographiques poussiéreux. Au milieu, trônait un petit livre daté de 2012 ce qui, déjà, m'a accroché l'œil. Surtout, son titre m'a cloué sur place : *Mes quarante-deux marathons*. Non seulement, il s'agissait d'un bouquin sur la course que je n'avais pas encore lu, mais son auteur prétendait avoir couru autant d'épreuves qu'une seule d'entre elles compte de kilomètres !

Curieux d'en savoir plus, je saisis l'objet, l'ouvris au premier chapitre, et parcourus quelques lignes…

*

« New York reste un marathon initiatique, le plus mythique au monde, celui qui rassemble chaque année le premier dimanche de novembre près de cent mille mollets, dont beaucoup venus du monde entier. New York. La magie du nom fonctionne toujours. Magie du lieu en réalité. Il s'agit de parcourir les cinq *boroughs*[1] de la ville – Staten Island, Brooklyn, Queens, Bronx, et Manhattan –, des noms qui ont traversé l'histoire.

» La première édition, en 1970, alignait davantage de coureurs que de spectateurs ! Cent vingt-sept, dont un peu plus de cinquante seulement bouclèrent la course. Cette dernière était cantonnée, à l'époque, à Central Park. Les écureuils goguenards s'immobilisaient parfois devant ces forçats qui tournaient en rond sous leurs yeux. Au début des années quatre-vingt, Alberto Salazar fut le roi de New York en remportant trois victoires successives, malgré sa dégaine de grand maigrichon avec son mètre quatre-vingt-six pour soixante kilos. Son "Duel au soleil" (mais à Boston en 1982 : deux secondes d'avance pour la victoire sur Dick Beardsley) le fit entrer dans la légende ; à l'issue de l'exploit ce jour-là, n'ayant pas bu une goutte durant tout le parcours, il s'effondra et reçut six litres d'eau en perfusion dans une salle d'urgence aménagée pour lui.

» Désormais, le marathon de New York attire des centaines de millions de téléspectateurs dans le monde entier. Avant même de s'engager sur les deux niveaux du pont de Verrazano-Narrows, vibrant quatre kilomètres durant sous les foulées à répétition, l'épopée aura commencé au milieu de la nuit. Parce que Staten Island est loin. Pour les milliers de coureurs qui ont pris résidence à Manhattan (afin de visiter un peu, de faire quelques emplettes les jours précédents, ou d'être

1. Quartiers.

le plus proche de leur hôtel après l'effort) et qui doivent rallier le champ du départ avant huit heures du matin, une incroyable logistique est développée. Depuis la *Public Library*[1] sur la Cinquième Avenue, une noria de bus garés à la queue leu leu embarque les amateurs. Un autocar toutes les cinq minutes, chaque participant arbore son dossard, sésame indispensable pour grimper à bord.

» Parallèle à la ligne des bus sur la chaussée, une ligne d'impatience le long trottoir. On piétine, on souffle dans ses mains, on boit le dernier café dans un gobelet plastique emporté de l'hôtel, on échange les souvenirs de courses passées. Large de plusieurs individus de front, ce flot contourne le square depuis l'arrière. Il est nourri par des rivières humaines formées depuis Time Square au nord ou Union Square au sud. Du plus loin de la cité, des petits ruisseaux se sont agglomérés, carrefour après carrefour. Étrange nervure humaine. Une toile gigantesque au ras du sol qui aurait sans doute déboussolé l'Homme Araignée, plus à son aise au sommet des buildings new-yorkais. »

*

Je refermai le livre, l'achetai, renonçai ce jour-là à mon jogging sur les bords de Seine pour finir de consommer le récit, car je sentis que ce Benedict Maverick allait devenir mon meilleur ami.

1. La bibliothèque municipale.

Et là, en ce dimanche matin, comment ne pas penser à lui, à la marée humaine de son marathon new-yorkais alors que je baigne dans celle de mon marathon parisien ? Le coup de pistolet vient de retentir. Les professionnels se sont élancés, le speaker a cité les favoris, toujours des Kenyans ou des Éthiopiens ! Au total, ils sont quelques dizaines à peine, dans un carré d'or réservé, à prétendre réaliser moins de 2 h 15. Pour le reste, nous les milliers d'amateurs, la ligne est encore loin. Je veux dire… la ligne du départ !

Km 1

Autour de moi, dans l'avant-dernier sas, celui des plus de 4 heures, la tension monte. Ça piaffe d'impatience, ça s'excite, ça donne de la voix. Au loin, les meilleurs galopent déjà. Mais pour nous, cinq bonnes minutes en piétinant sont nécessaires avant d'atteindre le point zéro. Autant que le héros du roman *La Ligne bleue* : « Les premiers sont partis, les autres font du surplace. Quatre minutes trente, que Max décompte de son temps avant de franchir la vraie ligne. » Mettre en branle cinquante mille individus n'est pas une mince affaire.

Durant cette lente progression, c'est la valse des vêtements. Les vieux tee-shirts, les vestes de survêtement qu'on ne portera plus, les sweats usés volent au-dessus des têtes et des grillages pour atterrir sur les trottoirs des Champs-Élysées. Chacun jette les ultimes écorces qui auront permis de garder les muscles au chaud. Rien n'est perdu : une armada de bénévoles récupère tous ces textiles pour des associations qui les recycleront.

Les plus aguerris arborent fièrement un poncho thermique, fourni par leur club. Sinon – et je m'en amuse durant les interminables minutes qui précèdent le coup de pistolet libérateur –, le grand classique du départ de course reste le sac-poubelle. Percé pour la tête et les bras, il recouvre tout le corps jusqu'au bas des jambes. Sauf chez les plus-d'un-mètre-quatre-vingts comme moi dont les chevilles demeurent à l'air libre. De l'inconvénient d'être grand pour courir.

Cet effeuillage multicolore porte le symbole de la mise à nu du coureur. À partir de maintenant, sans protection aucune, ce dernier soumet son corps à l'effort. Seul, face à lui-même et aux éléments extérieurs, il s'engage dans le combat pour lequel il a consenti tant de sacrifices, tant d'heures de préparation, de mois d'entraînement. On ne peut plus compter que sur soi pour embrasser le parcours merveilleux. Car il y a de l'émerveillement dans un tel défi, du rêve, du conte de fées. C'est presque irréel. Pouvoir dire : « Je l'ai fait. » Malgré toute l'inutilité de la démarche. Il est des gestes que l'on accomplit uniquement pour démontrer qu'on en est capable.

Jean Baudrillard a écrit que « le marathon est une forme de suicide démonstratif, de suicide publicitaire ». Mais pour prouver quoi ? Le philosophe s'interroge : « Faut-il continuellement faire la preuve de sa propre vie ? Étrange signe de faiblesse, signe d'un fanatisme nouveau, celui de la performance sans visage, celui d'une évidence sans fin. »

Moi, je sais pourquoi je suis là. J'ai tant enduré, tant désespéré puis espéré, vu mon existence s'éloigner puis revenir, côtoyé la mort de si près, que oui, n'en déplaise au grand penseur, je dois faire la preuve de ma propre vie. De ma nouvelle vie. Au sens propre du terme, cette course m'est vitale.

Dans la masse en mouvement autour de moi, chaque homme et chaque femme, quel que soit son âge ou sa condition, a sa très bonne raison pour s'aligner en haut d'une avenue qui lui annonce des heures difficiles. De cette masse en mouvement jaillit une force incroyable. Non seulement par la clameur qui accompagne la détonation, mais aussi par l'enthousiasme partagé, la joie communicative, le sentiment de solidarité et de bonheur. Une puissance de vie inouïe.

Je n'avais jamais connu cela. Je le ressens dans les mots d'encouragement que chacun s'adresse. Je le lis dans les regards brillants. Je l'entends dans les sourires qu'on échange, même entre inconnus. Je le perçois dans les rires. Ces rires, parfois un peu crispés à s'imaginer le saut dans l'inconnu, mais le plus souvent heureux. On se tape sur l'épaule, on se lance des œillades, on se prodigue un dernier conseil.

Mon cœur s'emballe. Un peu. Pas trop. Juste assez pour me prévenir qu'il est prêt, qu'il compte sur moi autant que je compte sur lui, qu'il va m'accompagner jusqu'au bout. Pour me rappeler qu'il faudra surveiller le tempo du début à la fin, bien penser à tout ce qui a été prévu au fil des kilomètres. Pour me rappeler surtout que d'autres cœurs battent à l'unisson, marquant l'amour qui m'entoure : Manon, mon soleil depuis plus de vingt ans ; Rafaël, qui m'a vu grandir à ses côtés ; Alain, l'homme aux doigts d'or sans qui je ne serais pas là et qui va suivre ma course sur son écran ; Emy, mon coach individuel depuis plus de deux ans.

Au moment de franchir enfin la ligne de départ – dans le concert des milliers de bips sonores que lâchent les puces attachées aux chaussures en passant sur le fil magnétique au sol (ce qui donnera le temps net exact à l'arrivée) –, une bouffée m'envahit. L'émotion me gagne, les larmes me montent aux yeux. Comme Benedict Maverick à Prague…

*

« "Mille tours et mille clochers." La ville a miraculeusement échappé aux bombardements de la Seconde Guerre mondiale. Elle reste un livre d'histoire ouvert qu'il faut prendre le temps de lire en dehors de la course. Car le tracé – qui flirte tout du long avec celui de la rivière tels deux fils tissés – frôle le cimetière juif mais sans donner à le voir, ne grimpe pas jusqu'au château où Kafka habita dans la Ruelle d'Or, ne s'enfonce pas dans les méandres de Staré Město, le centre historique, même si le départ et l'arrivée occupent la Vieille Place avec son hôtel de ville et son horloge astronomique (non homologuée pour enregistrer les temps officiels). Au moins, le parcours emprunte-t-il le pont Charles, encadré de ses grandes statues et lampadaires à l'ancienne, qui offre en venant de Mála Strana une vue imprenable sur la cité.

» À huit reprises au total, les coureurs franchissent la Vltava, cette rivière qui prend sa source sur le versant oriental de la montagne Noire, sillonne la Bohême, et va se noyer dans l'Elbe après plus de quatre cents kilomètres de bons et loyaux services. On la connaît mieux sous le nom de Moldau. La *Moldau* est un poème symphonique de Bedřich Smetana, qui démarre par des volutes de flûtes et de hautbois entrecoupées de pincements de cordes comme un léger ruisseau, puis s'élance noblement avec violoncelles et violons tel un fleuve devenu majestueux, avant de se déchaîner autour des cymbales, bugles et trompettes en un bouillonnement des flots.

» Entendre cette musique-là, juste après le pistolet du départ, diffusée tout au long du premier kilomètre par de puissants haut-parleurs, est un véritable choc. Au-delà des simples frissons. Le cœur accélère. Les yeux s'embuent. Les foulées s'accordent au tempo de l'orchestre. L'esprit vagabonde déjà. On a oublié la course, les conditions météo, les crampes à venir. On vole littéralement en suivant les élans de Smetana. Tout le peloton devient un fleuve humain qui coule ses eaux dans le vrai : marathon et Vltava entremêlés. »

*

La descente des Champs-Élysées est moins lyrique que la traversée de Prague. Mais elle ne manque pas de charme non plus, ni d'émotion. Dévaler cette immense artère réservée d'ordinaire à un intense trafic. Entrer dans la transe du cadencement des chaussures qui martèlent le bitume en lieu et place des bruits de moteurs, crissements de pneus et autres klaxons. Quelle singulière conquête de la plus belle avenue du monde ! Je savoure le moment en m'efforçant de ne pas me laisser, comme Maverick à Prague, emporter par le trouble.

« Méfie-toi du premier kilomètre, m'a prévenu un ancien. Il est terrible parce qu'il donne envie de foncer, de prendre de l'avance sur le tempo qu'on vise, surtout en pente douce comme sur les Champs. La fraîcheur du corps le permet, mais ce serait une grave erreur.

— Faut-il se retenir ?

— Si tu es loin à l'arrière, cela se fera naturellement, parce qu'avec beaucoup de monde, le démarrage est plutôt lent. Mais si tu as un peu de place devant toi, que tu sens tes jambes si impatientes qu'elles te poussent à accélérer, dans ce cas-là, en effet, retiens-toi. Moi je respecte mon timing à la seconde. Cinq minutes au "kilo[1]". Pas moins. C'est autant d'énergie en réserve pour la suite. Et la garantie de mes 3 h 30 au final. »

Fort de ces conseils avisés, je respecte ma propre consigne : six minutes et trois secondes au passage du panneau « Km 1 ». Je me suis dépêché d'aller lentement…

---

1. Kilomètre.

Km 2

La Fontaine donne le ton. Chacun connaît le premier vers de sa fable compétitive : « Rien ne sert de courir ; il faut partir à point. » Qui n'a pas appris ce poème à l'école ? Le pari est lancé par la tortue, lente à se mouvoir, alourdie par sa carapace, peu encline à la compétition. Elle défie le lièvre, assez musclé pour détaler à la vitesse de l'éclair, agile dans ses mouvements, léger comme l'air. On la croit folle, mais elle devine l'arrogance et l'orgueil de celui qui aimera mieux musarder, attendre, faire le beau avant de s'élancer. Trois enjambées suffisent à sa victoire, or il est déjà trop tard lorsqu'il les engage. Sa prétention s'écroule avant même qu'il démarre : la tortue touche au but.

Dans l'ode, je préfère le vingt-deuxième vers : « Elle se hâte avec lenteur. » Presque une devise pour tout bon marathonien, bien inspiré à suivre l'exemple de la tortue. Ne pas s'emballer au départ, ne pas présumer de sa vitesse ni de ses forces, maintenir un effort raisonnable et régulier. Faire rimer – dans l'esprit de La Fontaine – patience avec endurance, détermination avec obstination, volonté avec ténacité, courage avec ouvrage. Antoine de Gaudemar remarque, dans *Le Goût de courir*, que l'athlétisme moderne utilise des « lièvres » pour le fond : « Coureurs rapides qui entraînent à vive allure le peloton dans les premiers tours de piste et relâchent ensuite complètement leur effort pour terminer loin derrière quand ils n'abandonnent pas tout simplement. » Ceux-là non plus ne gagnent pas.

Devant moi, il en est pourtant qui jouent les lièvres, sans doute pressés de rattraper quelques dizaines de secondes de retard prises au départ. Est-ce raisonnable ? Je ne sais que penser. Je m'efforce de ne pas me laisser entraîner par les plus rapides. Peu importe d'être doublé par ma droite et par ma gauche. Il me faut trouver mon propre rythme. En fonction de mes séances avec Emy, je vise une arrivée entre 4 heures et 4 h 30. Les foulées doivent devenir automatiques, comme le tic-tac immuable d'un métronome. Les oublier, me laisser bercer par la musique des semelles : flip, flap, flip, flap, flip, flap…

Chacun de mes pas, un peu raide aux premiers hectomètres, s'assouplit doucement. Je tente de relâcher les muscles au maximum pour éviter la mésaventure de Maverick à Madrid : les crampes. Elles sont ma plus grande angoisse sur une telle distance…

*

« Il n'est pas le plus beau marathon, mais à coup sûr l'un des plus délicats à aborder. À preuve, année après année, le vainqueur à Madrid met en moyenne cinq bonnes minutes de plus que le premier à Paris ou Chicago. Si l'on manque un peu de forme ou de préparation, cette course-là est un piège à double détente : au début et à la fin.

» Avant de sillonner la ville historique, le parcours entraîne vers le nord le long d'une interminable avenue, le Paseo de la Castellana. Une "promenade[1]" pas vraiment de santé, sur plus de six kilomètres en ligne droite : il s'agit d'un terrible faux plat qui conduit sur les hauteurs de la ville et casse les pattes sans prévenir. Ennemi invisible et redoutable que l'on perçoit trop tard. Les mollets commencent à se raidir au passage du stade Santiago Bernabéu, pour devenir durs comme du béton peu avant le demi-tour, tout en haut. Et là, forcément, dans l'autre sens vers la ville, on redescend. Or, qu'y a-t-il de pire qu'une déclivité pour des jambes en délicatesse ? Elles frappent le sol sans ménagement afin de freiner l'élan donné par le poids du corps. On est tiré vers le bas. C'est une gravité à prendre au sérieux. Les muscles souffrent.

» Dès lors, autant l'avouer, la douleur efface les beautés de la cité. Toute l'attention est focalisée sur ces foutues jambes : vont-elles tenir le coup jusqu'au bout ? Il faut rester à l'affût de chaque sensation, traquer le moindre signe d'évolution des crampes. Quel malheur de passer à la Puerta del Sol, le long de Plaza Mayor, ou devant le Palacio Real, sans pouvoir en profiter !

1. *Paseo* signifie promenade en espagnol.

» Le pire est que du bas de la ville il faut remonter ! Les derniers kilomètres, depuis les jardins de Casa de Campo jusqu'au final au parc El Retiro, à l'arrière du Prado, sont terribles. Comme on dit par ici : l'estocade ! »

*

À l'inverse de ce qui se passe à Madrid, les coureurs à Paris ne démarrent pas en côte mais en pente douce, ce qui leur permet de prendre un peu d'allant. Certains, le regard fixé vers un horizon invisible, foncent même en direction de l'avenue de Rivoli, comme s'ils étaient portés par une déraison intérieure ou poursuivis par un essaim de guêpes ! Ils jouent un peu des coudes, se croient déjà arrivés, ils ne voient rien autour d'eux.

Par exemple ne remarquent-ils pas l'immense obélisque de Louxor qu'ils contournent par la gauche et qui les salue avec majesté du haut de ses vingt-trois mètres. La pointe de son ombre, au moment même où je franchis l'angle des Champs-Élysées et de la Concorde, affleure un chiffre de bronze gravé au sol, sur un terre-plein à ma droite : un immense « VII » écrit en romain. Car il n'est pas loin de neuf heures du matin ; autrement dit, sept heures au soleil. La place forme, en effet, un immense cadran solaire dont l'aiguille centrale n'est autre que le monument de granit rose ramené d'Égypte.

Les « fonceurs », les plus pressés d'entre nous, ceux qui visent déjà la flamme du deuxième kilomètre, ne se soucient guère de cette montre-là. L'unique qui compte à leurs yeux est celle fixée à leur poignet…

Km 3

Les Grecs disposaient de plusieurs échelles pour mesurer le temps. En premier lieu l'*aiôn* : une sorte d'éternité, la durée d'une vie, une destinée. Un temps extrêmement long et considéré dans sa totalité. Le *kairos* ensuite : on pourrait traduire cela par le bon moment, l'occasion opportune. C'est la situation qui crée de la profondeur, voilà pourquoi il ne faut jamais oublier de la savourer. Enfin, le *chronos* : le tempo infernal d'une flèche tendue vers l'avant, d'un quotidien dans lequel chacun se noie trop souvent ; par le tic-tac mortel de sa pendule, Brel magnifie ces secondes après lesquelles nous courons en vain.

De ces trois définitions, je ne sais laquelle approfondir pour évoquer ma course. Pourtant, à y bien réfléchir, les adopter toutes à la fois paraît légitime.

Le cadran technologique accroché à mon poignet me ramène à l'évidence du *chronos*. Au reste, les minutes qui s'égrènent deviennent ici l'obsession de tous. Pas un seul concurrent qui n'arbore sa propre montre, chacune rivalisant de sophistication. Véritables ordinateurs de bord avec GPS intégré, certaines affichent jusqu'à quatre écrans simultanés pour diffuser les quatre informations fondamentales au marathonien : temps écoulé, vitesse réelle grâce à un accéléromètre fixé à la chaussure, pulsation cardiaque grâce à une ceinture pectorale, moyenne au kilomètre. Par une simple manipulation, d'autres données sont accessibles : la température extérieure, les calories dépensées, la distance restante (à l'hectomètre près). En outre, grâce aux dernières applications et au Bluetooth, tout cela est visualisé et archivé sur son Smartphone. Le progrès se révèle un abîme sans fond.

La dimension événementielle de l'épreuve incite par nature au *kairos*. Comment ne pas jouir au plus profond de soi de ces quelques heures suspendues ? Comment ne pas ressentir la force de la communion humaine ? Même les filles les plus froides et les types les plus antipathiques y succombent. Par la force des choses. Dans ce genre d'événement, le challenge sportif avec soi-même se double toujours de la rencontre fraternelle avec l'autre. Qu'on le veuille ou non. La question est organique. Les sueurs se reflètent. Les foulées se mêlent. Les respirations s'entrechoquent. C'est ainsi, dans une course de masse, le contact direct avec tant d'autres individus engendre ce phénomène étrange et inexplicable qui transforme des milliers de solitudes en une fusion charnelle impensable.

Quant au fameux *aiôn*, il est la raison même de ma présence ici. J'ai retrouvé goût à la vie après des années d'incertitude sur mon sort et un corps promis à la mort. Alain a été l'ultime maillon dans une longue chaîne inespérée. En longeant les Tuileries puis le Louvre, dans ce troisième kilomètre, je songe à François Ier, Henri IV, ou Louis XIV, et à ma chance quand je compare la médecine actuelle aux soins prodigués aux pauvres hères à l'époque où ces rois-là hantaient la lourde bâtisse de pierres carrées, à laquelle j'adresse un signe ému de la tête (et je retire mon ironie précédente sur le progrès). Oui, ce marathon deviendra l'emblème de mon destin. Je le vaincrai. Pour moi, pour être sûr que je peux à nouveau croire en mes lendemains. Mais aussi pour redonner espoir à ceux qui vivent ce que j'ai vécu, qui connaissent les mêmes affres de l'incertitude, l'attente insupportable, et qui ont peur de mourir.

Ces réflexions emballent un peu mon cœur. Je le calme en respirant en profondeur, en appuyant sur le souffle. Et en jouissant du début de journée ensoleillé, dans cette ville que j'aime.

Je n'ai pas choisi Paris au hasard pour courir. Mon aventure, quel qu'en soit le prix à payer, je l'ai acceptée à une condition : la vivre ici, chez moi, avec la garantie d'être le mieux entouré possible. Au cas où…

Sans compter le plaisir d'arpenter une terre connue, la sienne. Comme Maverick à Miami…

*

« Fouler le pavé d'une cité lointaine, parfois chargée d'une lourde et belle histoire, offre l'attrait de la découverte, le loisir du vagabondage, la joie du butinage.

À chaque carrefour apparaît un nouvel émerveillement, derrière chaque bâtisse se dresse un horizon tout neuf, au coin de chaque maison surgit le visage souriant d'un peuple différent.

» Mais courir chez soi… ici… à Miami, dans la ville de son enfance. Franchir à pied le Mac Arthur Causeway menant vers les boîtes de nuit une jeunesse qui, comme l'écrit Stefan Zweig, "compte espérer l'extraordinaire, un événement fabuleusement beau dépassant l'univers étroit du regard, une apparition qui serait l'accomplissement d'une vision aperçue en rêve", ce rêve américain que caressent tous les gosses de Miami. Remonter Ocean Drive où tant de petits matins se sont achevés sur le sable frais du lever de soleil. Longer les façades familières aux allers-retours du quotidien mais qui naissent là sous un jour inattendu. Filer vers Coconut Grove et flirter avec Biscane Bay où la mer s'est laissé apprivoiser (on devine à droite le port et ses jet-skis), puis vient la villa Vizkaya, et Brickell Avenue bordée de ses gratte-ciel financiers.

» Waouh ! Quelle émotion !

» Les amis sont là, hurlant à pleins poumons, *vas-y Benedict, t'es l'meilleur*, les commerçants du quotidien saluent avec admiration, ajoutant parfois une tape affectueuse dans le dos. Ce sacré Jack, le serveur du Starbucks en face de la maison, et son café chaud tendu à bout de bras, *hey tu es fou mon vieux*, les yeux des proches qui encouragent et supplient d'en finir au plus vite tant ils s'inquiètent, *oui mais impossible d'aller plus vite qu'un pas devant l'autre…*

» Pour qui a arpenté les cinq continents dans sa carrière de marathonien, courir “à domicile” file des frissons du début à la fin. La chair de poule à l’état pur. Même à travers la transpiration, les poils se hérissent. Sensation unique et indescriptible. »

*

En avalant la rue de Rivoli, ma rue de Rivoli, où je réside depuis si longtemps, je comprends le bonheur ressenti par Maverick. Il faut essayer d’en jouir chaque minute, dans l’euphorie de son monde intime.

Benedict ignorait alors que Miami serait son dernier marathon.

Km 4

Cette artère se révèle être l'une des plus obstruées de Paris. À la limite, parfois, de la crise cardiaque pour le conducteur pressé qui bout d'impatience au volant. Pare-chocs contre pare-chocs, la rue de Rivoli se transforme en champ de bataille, évoquant ainsi l'épopée bonapartiste qui lui a donné son nom. Même sur le tableau de cet épisode historique peint par Henri Félix Emmanuel Philippoteaux, les chevaux piétinent, semblent progresser avec difficulté au milieu des chariots et de la piétaille. On y voit aussi des uniformes s'enfoncer à perte de vue dans la vallée piémontaise. Aujourd'hui, ce sont des crânes que mon regard peut rencontrer à l'infini, une forêt de têtes dans leur balancement de droite à gauche au rythme des foulées. Mais là encore, dans une forme d'embouteillage.

Car les premiers kilomètres d'un marathon – surtout quand il rassemble cinquante mille participants – ne sont qu'une gigantesque bousculade. Déjà, en 1900, dans la deuxième édition de l'épreuve olympique à Paris, malgré la troupe clairsemée des concurrents au départ, régnait un joli désordre que raconte dans *Marathon(s)* l'écrivain Bernard Chambaz. Le tramway, les fiacres, des moutons au nord de la capitale, des policiers livrant des indications erronées, et des zones de travaux aux chaussées éventrées. Sans parler des embarras naturels sur les boulevards des Maréchaux qui donnaient des sueurs supplémentaires à un peloton déjà en surchauffe en raison d'une canicule de juillet assez marquée.

Aujourd'hui encore autour de moi, surtout en raison du nombre, règne une forme de chaos, c'est-à-dire de renouvellement permanent et d'impossibilité de figer la moindre structure dans les grappes humaines qui se font et se défont au gré des impulsions. Chacun tente de trouver sa place, son souffle, son allure. On tâtonne, *pardon je me glisse à droite*, on brûle la politesse, *oups je vous ai marché sur le pied*, on joue des coudes, *poussez pas y aura de la place pour tout le monde*, on accélère pour se faufiler devant le lourdaud qui vous freine, *excusez-moi je passe par la gauche*, on zigzague, *aïe j'ai failli me casser la figure en butant sur le trottoir*, bref on perd du temps en voulant en gagner.

M'évadant de cet entrelacs humain, je perçois tout de même les lieux familiers qui défilent : l'esplanade de la Libération, ancienne place de Grève où les hommes venaient chercher du travail à l'accostage des bateaux (d'où l'expression « faire grève »), avant de devenir le siège de la guillotine républicaine ; l'Hôtel de Ville et le BHV, au garde-à-vous de part et d'autre du flot des coureurs ; derrière le panneau du quatrième kilomètre, le bistrot où mon café brûlant n'a jamais le temps de refroidir ; juste en face, la place qui accueille deux fois par semaine mon marché aux légumes ; voici la supérette pour les courses (les autres), souvent menées à l'arrache ; là ma banque, ici la boutique de téléphonie qui me déplume jusqu'à la moindre fibre.

« Allez Philippe… Super ! Courage ! On est avec vous. » Comme le serveur de Maverick à Miami, Julien mon jeune boulanger de la rue Tiron a délaissé son fournil et ses délicieuses « chocolatines » (c'est la seule pâtisserie parisienne que je connaisse à adopter ce terme du Sud-Ouest) pour venir me tendre, non pas ma traditionnelle baguette céréale, mais un grand sourire qui fait chaud au cœur.

Tiens, justement, mon cœur, comment va-t-il ? Je l'ai un peu oublié, celui-là, à force de papillonner à travers mes repères intimes. Ce doit être bon signe. Il n'a pas besoin de moi pour s'installer dans l'épreuve, et je n'éprouve nulle nécessité de le surveiller à la seconde. Je découvre que nous pouvons nous éloigner l'un de l'autre sans trop d'appréhension. À courte distance malgré tout, car une vigilance inconsciente, j'en suis convaincu, s'opère. J'ai trop souffert dans le passé pour laisser passer le moindre indice de faiblesse. La culpabilité de n'avoir pas repéré mes premières crises d'asthme, à l'adolescence, me taraude encore tellement. Maverick, lui, n'a pas pris garde à ses douleurs initiales, en Chine…

*

« Courir offre la sensation inédite de voler. Dans la marche, un pied maintient en permanence le contact au sol, excluant toute extraction de l'apesanteur, donc de la condition terrestre, pour ne pas dire humaine. À l'inverse, un marathonien ne vient de nulle part, puisque la course de fond n'a aucune raison d'être : nos ancêtres sprintaient pour échapper au danger, nos contemporains se précipitent afin d'éviter un retard mal accepté par la société. Mais courir plusieurs heures ? Quel intérêt ? Surtout quelle contrainte pour le corps ! Le sang y circule grâce au travail sans relâche de la pompe cardiaque, maillon le plus important dans cette chaîne organique. Autre élément vital, les jambes et en particulier les charnières que sont les genoux ou les chevilles. Troisième pilier indispensable, qui sait vous rappeler à l'ordre si vous l'oubliez, le dos.

» Un des circuits les plus difficiles au monde est celui de la Grande Muraille de Chine. Cœur, jambes, dos y sont mis à rude épreuve. Une portion de neuf kilomètres de mur saisit les membres inférieurs juste après le départ. Ce ne sont alors qu'escaliers à monter et descendre sur cet étroit chemin de pierre qui serpente dans les montagnes à l'écart de Pékin. Le parcours routier (en compagnie de rares automobiles sur un asphalte gravillonné) pourrait donner le faux espoir d'une trêve, or il inflige une terrible ascension au passage du semi-marathon, avant de revenir vers le maudit tronçon de muraille, à appréhender dans l'autre sens, juste avant l'arrivée. À nouveau neuf kilomètres où l'on passe, d'un seul coup, trois cents mètres de dénivelé, où les marches incitent à la marche. Au total, trois mille sept cents paliers de granit, inégalement ajustés, à déguster : c'est un enfer rouge, que seule une déraison inexpliquée permet d'affronter.

» Déraison, voilà bien le mot qui convient à cette construction érigée au prix de la vie de millions de bagnards, soldats, paysans, ouvriers, tous morts d'épuisement dans le simple but de marquer un bout de contrée. Quel constat dérisoire : là où un marathon abolit en général les territoires, celui de la Grande Muraille se court, précisément, sur le symbole d'une frontière aussi absurde qu'inhumaine.

» Pour le sportif en proie à la difficulté des marches à grimper, le lourd poids de l'histoire multimillénaire peut donner des ailes. Bien sûr, la beauté sauvage des paysages insuffle une force intérieure précieuse, mais cela peut-il suffire ? Quant à la sagesse des Chinois, leur comportement zen, leur médecine ancestrale, voilà qui pourrait aider à supporter les souffrances de cette course hors du commun.

» Pourtant, à la vérité, on s'y brise le cœur, les jambes, et le dos. »

*

Maverick a connu ses premières douleurs lombaires en Chine. Il n'a pas su discerner, à ce moment-là, le danger qui pesait sur ses vertèbres, tout comme moi, gamin chétif et peu soucieux de mon corps, j'étais resté sourd à la respiration sifflante de ma jeunesse.

Km 5

« Le voilà ! »

Le cri de Manon au loin, le sourire de Manon qui se rapproche, les yeux de Manon qui m'illuminent. Une bouffée d'émotion m'étreint, que je contiens aussitôt en ralentissant vers l'amour de ma vie, mon *Amour Joli*. Elle est avec Emy et Rafaël, tous les trois m'attendent, comme convenu, au coin de la rue Saint-Antoine, près du calicot « Km 5 ». Mais notre repère, les gros pavés carrés qui dessinent au sol la tour de la Liberté (l'une des huit de l'ancienne forteresse royale), demeure invisible sous les milliers de chaussures qui prennent d'assaut la place de la Bastille en ce dimanche populaire.

Manon me tend une bouteille d'eau sucrée :

« Phil, mon chéri, tout va bien ? Tu es magnifique. »

Son encouragement m'apaise. Je bois deux gorgées, lui rend son sourire en reprenant ma respiration, et la rassure autant que moi-même :

« Oui, ça roule. Mon seul souci, c'est la masse. Dur de trouver son rythme avec tant de monde à touche-touche…

— En tout cas, enchaîne Emy sans même me laisser le loisir de m'accrocher un instant au regard de Manon, tes pulsations sont nickel. Je viens d'avoir Alain au téléphone, il te félicite pour cette entame : à aucun moment tu ne t'es emballé. Ses écrans ont enregistré une montée toute en douceur, tu es loin de ta FCM[1].

— Encore heureux ! À seulement cinq bornes ! On y verra plus clair à mi-parcours.

— Ne t'inquiète pas. Tu as déjà fait deux sorties de trente kilomètres.

— Génial, petit frère, ajoute Rafaël en me tapant l'épaule de manière touchante, tu vas y arriver.

— Sinon côté chrono, reprend Emy dans la rigueur d'une bonne coach, c'est parfait aussi : une demi-heure. Tu es dans les temps.

— OK ! Bon je file, parce que là, j'en grignote des secondes…

— Pas grave, me glisse Rafaël dans un clin d'œil, tu arriveras quand tu arriveras.

— N'oublie pas de bien asseoir tes respirations, ajoute Emy, comme on l'a vu ensemble. Tu alignes sur tes foulées…

— Je t'aime, Phil ! » conclut Manon alors que je reprends mon élan.

D'un geste de la main, je lui envoie un baiser, avant de les laisser tous les trois derrière moi. Je sais que je les retrouverai dans quatre kilomètres, à la porte Dorée,

1. Fréquence cardiaque maximale : seuil au-delà duquel le cœur peut être mis en danger.

qu'ils vont rallier d'un trait de métro. Quant à moi, avant de stabiliser mon allure selon les bons conseils d'Emy, je vais attraper quelques raisins secs et un quartier d'orange de l'autre côté de la place, au point de nourriture. Pour l'eau, j'ai gardé la bouteille de Manon à la main, comme un talisman.

Boire. Sans cesse hydrater ce corps qui s'assèche. Il serait prétentieux, pour un amateur, de croire qu'on peut sauter les premiers ravitaillements et attendre ceux de la deuxième moitié de course, lorsque la soif devient obsédante. Tous les manuels de préparation sont formels là-dessus. À moins de s'appeler Mimoun – vainqueur du marathon olympique de Melbourne en 1956 en refusant la moindre goutte, sous une chaleur accablante de près de quarante degrés, avec pour seule protection un dérisoire mouchoir noué sur le crâne –, il faut s'arrêter tous les cinq kilomètres, dès le départ. Bien sûr, chaque pause consomme au moins une minute, à manger une poignée de fruits, à saisir la canette tendue par un bénévole, à prendre le temps de mâcher et d'avaler. Mais cette minute-là, tel un investissement sur l'avenir, n'a rien d'un gaspillage, elle devient précieuse. Elle pourra en valoir dix autres dans l'ultime tronçon, quand les contractures obligeront à des pauses étirements, que les muscles durcis réclameront des arrêts massage, au moment où le corps, épuisé, s'abandonnera à une marche forcée qui marquerait alors, non seulement un renoncement physique, mais surtout une abdication psychique et morale.

Boire donc. Mais boire de l'eau. Même si la réputation d'une certaine épreuve, à laquelle Maverick n'a pas échappé, s'assoit sur d'autres breuvages…

*

« Ses organisateurs le surnomment "le plus long marathon du monde", en dépit de ses 42,195 kilomètres réglementaires. C'est qu'on a parfois du mal à en voir le bout, au fil de prestigieux vignobles : Pauillac, Saint-Estèphe, Haut-Médoc. Connu dans le monde entier pour son aspect festif, les déguisements de ses concurrents, des dizaines d'orchestres sur le parcours, ses stands d'huîtres, de jambon, d'entrecôte, ou de fromage, le marathon du Médoc attire surtout pour les dégustations de vin.

» Plus de vingt pauses œnologiques sont proposées, et les châteaux défilent dans une grande farandole à faire tourner la tête : La Rose Pauillac, Latour, Talbot, Batailley, Pibran, Grand-Puy-Lacoste, Mouton Rothschild, Pomys, Montrose, Bellegrave… Inutile de vouloir tous les citer, il y en a près de soixante !

» Comment, au surplus, ne pas avoir envie de croquer un raisin saisi à la volée dans les vignes encore lourdes de leurs grappes, à la mi-septembre ? Quelle beauté ! Une paix profonde se dégage des alignements de ceps à perte de coteaux. La nature enivre avant même la première gorgée de nectar. Et malheur à celui qui oublie la modération. Car, pour lui, la ligne d'arrivée s'éloignerait au fur et à mesure de sa progression. »

*

Moi, le vin m'est autorisé à dose raisonnable. Un verre par jour. La médecine n'y voit nulle contre-indication, au contraire. Alain m'a présenté des études très sérieuses qui soulignent la diminution du risque d'angine de poitrine, cette pathologie due au rétrécissement par le cholestérol des artères coronaires qui nourrissent le cœur. « Et comme tu le sais, leur obturation complète entraînerait l'infarctus. » Il n'avait pas besoin de le préciser, je n'ignore plus grand-chose des maladies cardiovasculaires. Même si la mienne est d'une tout autre nature.

En tout cas, le petit verre qui va bien, je me l'autoriserai ce soir. Si je parviens à mener l'aventure à son terme.

KM 6

Los Angeles, 1984. Finale olympique du 1 500 mètres. Le Britannique Steve Ovett s'effondrait, terrassé par une crise d'asthme. Resté étendu sur la piste, il fut évacué sur une civière, subissant le même cauchemar que l'avant-veille sur 800 mètres. Par la suite, l'athlète mit en cause trop de pollution sur la ville du septième art, peut-être pour persuader que son abandon – face à son ennemi juré et néanmoins frère de course Sebastian Coe, vainqueur de l'épreuve – n'était pas du cinéma. Il n'empêche, une maladie respiratoire n'est pas forcément un frein pour accéder au plus haut niveau dans un sport d'endurance. Moins de vingt ans après Ovett, sa compatriote Paula Radcliffe, asthmatique depuis l'enfance, collectionnait les trophées en demi-fond et fond. À son actif en marathon : trois victoires à Londres, trois autres à New York, une à Chicago, l'or aux mondiaux d'Helsinki, et un record du monde inviolé depuis 2003 (2 h 15 min 25 s). Sans parler de la ribambelle de médailles en semi, sur 10 000 mètres, 5 000, ou encore en cross.

Malemort, 1972. École communale où je terminais mon année de CM2. Nous étions au printemps, il faisait chaud en cette fin d'après-midi où le maître, M. Faucher, nous remit nos copies d'arithmétique. Quand il se présenta à moi, je me levai, par respect, comme nous le faisions tous à l'appel de notre nom. Sa fine moustache au-dessus d'une lèvre en triangle, une mèche de cheveux grisonnante qui barrait son front, lui donnaient l'aspect d'un lord anglais comme on en voit parfois dans les films. Il en jouait d'ailleurs, portant des vestes en tweed et des pantalons bouffants hors du temps, et s'exprimant avec une délicatesse très adaptée à sa bouche pointue. Je l'aimais bien. D'ordinaire il se montrait gentil avec moi parce que j'appréciais l'histoire, sa matière de prédilection. Par contre, les maths n'étaient pas mon fort. Ce jour-là, ma note fut mauvaise. Vraiment. M. Faucher me tança. Me reprocha de ne pas avoir assez travaillé mes formules. Se demanda si mon choix d'une filière scientifique, l'année suivante au collège puis au lycée par la suite, s'avérait judicieux. Finit par m'accabler d'un définitif : « Va-t-on pouvoir faire quelque chose de toi, mon pauvre Philippe ? » Aussitôt j'eus du mal à respirer. Depuis le matin une toux sèche et des douleurs abdominales me saisissaient par moments. Mais là, brusquement, l'air manqua à mes poumons, ma respiration accéléra, un sifflement puissant s'échappa de ma poitrine, mon thorax fut distendu. Je dus m'asseoir pour tenter de réduire le poids qui écrasait mes pectoraux. À dix ans, j'étais en train de vivre ma première crise d'asthme.

Cet épisode lointain sur ma santé me revient en mémoire alors même que j'aperçois sur la droite, au fond d'une placette un peu après le passage du panneau « Km 6 », le porche d'entrée de l'hôpital Saint-Antoine.

Les souvenirs. Ils débarquent toujours sans prévenir, envahissent le cerveau sans qu'on les maîtrise d'aucune manière, se montrent entêtants, cognent le crâne dont ils demeurent prisonniers, ressuscitent des instants à jamais disparus, créent parfois une intemporalité inédite, une nostalgie artificielle. Et ils tiennent parfois à peu…

*

« Pour un Américain de la côte Est, aller courir à Sydney est une folie qu'il n'est pas près d'oublier. Plus de vingt-quatre heures de vol, entre la première escale à Los Angeles et la traversée du Pacifique, puis quatorze heures de *jetlag*, et à peine une journée de récupération avant la course.

» Donc, non seulement on arrive éreinté par le trajet, le décalage met KO, le corps n'est pas au mieux lorsqu'il se met sous les ordres du starter, mais il faut de surcroît entamer l'épreuve par une sérieuse montée sous les oppressantes tonnelles métalliques du Harbour Bridge, puis poursuivre par plusieurs grimpettes pour s'extraire d'un tunnel ou accéder à la rampe d'une chaussée supérieure, et s'envoyer un interminable faux plat entre le Royal Botanique Garden et le Moore Park ! C'est l'horreur.

» Enfin, le parcours chemine sous les arbres avant de replonger vers le niveau de la mer où il tricote le long de la célèbre baie, et il stoppe net devant l'opéra qui a fait la réputation de la ville.

» Par bonheur, l'art lyrique est une vieille passion qui, ajoutée à la beauté du bâtiment avec ses voiles blanches gonflées et rutilantes sous le soleil d'un printemps australien à peine naissant, parvient à faire aimer l'arrivée (après avoir honni le départ).

» À tel point que, désormais, trois mesures de Verdi à la radio renvoient – grâce à son final grandiose devant l'un des plus beaux opéras du monde – à ce marathon éreintant, qui laisse l'Américain de la côte Est à l'état de zombie au moins deux mois après le retour au bercail, et qui n'aurait jamais dû rester gravé comme un souvenir impérissable. »

*

Quand j'ai lu ce passage, j'en ai voulu à Maverick. Comment peut-il avoir regretté, ne serait-ce qu'une seconde, cette course dans l'une des plus belles capitales du monde ? Même en bref séjour, j'imagine qu'il a dû faire un saut à Bondi Beach ou à Watsons Bay ? Qu'il a profité de l'imprenable vue sur la baie de Sydney, depuis la tour de télévision ? Ou flâné dans les boutiques du Queen Victoria Building ? Sans parler d'une soirée dans l'opéra majestueux dont il vante le design (mais l'acoustique vaut-elle l'esthétique), lui qui s'avoue mélomane averti ?

Un homme qui court après tous les marathons de la planète doit bien avoir une autre ambition que simplement aligner les médailles de *finisher* ? Quelle opportunité inégalée, en effet, de découvrir des pays, des villes, des quartiers, de rencontrer d'autres cultures, de communier avec les peuples du monde entier dans l'esprit bon enfant de la course à pied.

Ou alors suis-je un utopiste ? Je remarque tout de même que le philosophe Guillaume le Blanc va jusqu'à rapprocher les coureurs à pied des altermondialistes : « Bien sûr les marathoniens viennent par charters et consomment leur marathon, mais la course reste arrimée à un idéal de la fraternité et à la possibilité de faire monde avec peu. »

Faire monde avec peu. Quelle jolie formule. Elle renvoie à un autre beau symbole, à propos de Sydney : une jeune femme du nom de Águeda Fátima Amaral. Cette athlète du Timor Oriental y a couru en 2000 le marathon olympique en « indépendante », sans drapeau à défendre. En effet, si le référendum de l'année précédente dans son pays avait bien ouvert la voie à la souveraineté, celle-ci ne deviendrait effective que deux ans plus tard. Elle était une athlète sans nation.

Km 7

Cette fois-ci, je commence à m'installer dans ma course. Mes foulées s'enchaînent avec souplesse, ni trop longues comme celles de la gazelle Pérec, ni trop forcées comme celles du taureau Zátopek. Les pieds n'écrasent pas le bitume. Hanches sans torsion, genoux en souplesse. Je tente de garder mes bras aussi libres que possible. Il me faut aussi penser à maintenir la tête en hauteur, pour éviter les tensions dans le cou. De toute façon, mes trapèzes deviendront du béton armé, je le sais par avance, ils m'ont joué ce mauvais tour à chaque sortie longue. Au moins, rester fluide dans mon corps le plus longtemps possible.

Pour l'instant, la mécanique répond sans défaut. Mon attention se porte plutôt sur la respiration, tant j'appréhende une première faiblesse du côté du cœur ou des poumons. Dans la vie de tous les jours, mon talon d'Achille réside là, *a fortiori* pour une épreuve comme celle-ci. Être surveillé à distance en temps réel me rassure à moitié. Le défi demeure énorme.

J'entends encore la voix d'Emy, tout à l'heure, *tu alignes sur tes foulées*, et je m'applique, comme à l'entraînement : deux inspirations pour trois expirations, une à chaque pas dans une précision horlogère, même si de temps à autre un souffle long permet de vider à fond la cage thoracique. J'ai choisi d'avaler l'air à la fois par le nez et la bouche et de l'expulser uniquement par la bouche. Cette technique est venue naturellement, sans m'être imposée par quiconque, lorsque j'ai commencé la course il y a cinq ans. D'autres préfèrent inhaler par les nasaux et expirer entre leurs lèvres.

Tout autour, les respirations s'installent, elles aussi, dans la durée. Un étrange calme succède ainsi au caquetage des tout premiers kilomètres. Les paroles se sont éteintes d'elles-mêmes. Même les grosses voix des cadors qui frimaient ont mis la sourdine. Pourtant, il n'est pas question de silence. Car de drôles de bruits, plus ou moins sauvages, accompagnent désormais la percussion des chaussures sur le bitume. Et aucun de ces éclats sonores, contrairement à leur graphie, ne « ment » sur l'état physique de celui qui les produit : ahanement, soufflement, halètement, geignement, chuintement, sifflement, gémissement, grincement, grognement… Chacun se concentre, comme moi, sur la meilleure méthode pour trouver son souffle.

Ce n'est donc pas le silence total. Du reste, je vois mal comment, sur un marathon, on peut courir sans un bruit autour de soi. Sauf à commettre la folie de s'inscrire à une épreuve comprenant moins de cinq cents participants, comme Maverick l'a fait une année en France. En vacances dans le Sud-Ouest (j'ai cru comprendre qu'il affectionne assez notre pays), et se trouvant en forme suffisante, il a pris, au débotté, le départ à La Teste de Buch[1], près d'Arcachon. Quelle idée !...

*

« Pourquoi toujours s'aligner à des courses de renommée mondiale, où le nombre contraint à piétiner au départ ainsi que dans certains virages, où les points de ravitaillement deviennent des foires d'empoigne à la conquête d'une demi-banane et d'un gobelet dont la préhension en mouvement conduit à perdre la moitié de son contenu, où l'organisation offre un vilain tee-shirt pour unique récompense ?

» Existent aussi des marathons méconnus qui entourent les concurrents d'un véritable esprit de famille, comme à La Teste de Buch. Ici, chacun est bichonné, dorloté, quel que soit son niveau. Il est admiré, adulé, pour oser s'élancer à l'assaut d'une telle forteresse. Il est encouragé, stimulé pour accompagner ses efforts. Enfin... disons... il est très applaudi... au départ et à l'arrivée (la même ligne) dans le petit stade provincial où s'est regroupé un maigre public (en général la famille et les amis) qui occupe sa matinée en conversations de voisinage.

» Car au bout de quelques kilomètres, l'aventure est tout autre ! Le peloton est si réduit qu'il vire au néant.

1. Cette course n'existe plus. (N.d.É.)

Quel que soit l'horizon à se décrocher le cou, pas âme qui vive. Les plus rapides se sont envolés à l'avant, les traînards lambinent loin derrière. Le vide poignarde alors le compétiteur. Pire qu'une retraite au mont Athos. Dans un silence absolu. Nul spectateur sur le bord de la route. Un vent terrible le long du bassin d'Arcachon. Aucun athlète à proximité pour un soutien réciproque. *La Solitude du coureur de fond* à l'état pur. Alan Sillitoe a dû puiser son inspiration ici lorsqu'il écrit : "J'ai su alors ce qu'était la solitude du coureur de fond, comprenant que, pour moi cette sensation représentait la seule honnêteté et la seule réalité existant au monde."

» Seule consolation, la récompense à l'arrivée : une énorme bourriche d'huîtres, spécialité locale, qui a donné son nom à l'épreuve ! »

*

Citons Jean Giraudoux : « La sensation la plus vive du coureur au milieu des trois cents coureurs qui partent et courent avec lui : l'isolement. » Courir est-il un acte solitaire ou solidaire ? Les deux sans doute, tant on se retrouve face à son propre corps pour avancer, mais tant la foule autour de soi porte et emporte chacun des électrons qui la constituent. Victor Hugo aurait pu être coureur, lui qui a écrit : « Ma vie se résume en deux mots : solitaire – solidaire. »

Maverick a souffert, ce jour-là, de son isolement. Comme dans la chanson de William Sheller, il a couru tout seul. Néanmoins, pour lui en tant qu'écrivain, quelle belle opportunité d'entrer en conversation avec ses idées. Ce qu'explique la romancière américaine Joyce Carol Oates : « Lorsque l'on court, l'esprit file aussi vite que le corps ; l'efflorescence mystérieuse du langage semble battre dans notre cerveau au rythme de nos pieds et du balancement de nos bras. [...] Les histoires nous viennent sous la forme d'apparitions qu'il est nécessaire d'incarner avec précision. La course à pied semble m'accorder, dans l'idéal, un champ de conscience élargie grâce auquel je peux voir ce que j'écris comme un film ou un rêve. »

Je crois en effet que le coureur pense en permanence, dans une sorte de sagesse mobile, portative. Combien de fois me suis-je surpris à plonger moi-même, et en toute modestie, dans des évocations inattendues, des songes personnels, ou des argumentaires professionnels ? Le plus souvent de manière inconsciente. Parfois, face à des problèmes inextricables qui encombrent l'esprit depuis plusieurs jours, la solution miraculeuse à laquelle on ne croyait plus surgit là, sans prévenir, au détour d'un bosquet ou au terme d'une ligne droite.

Ainsi, au déplacement physique se greffe un voyage intérieur, oscillant entre figures réelles et hallucinations. *De facto*, le corps et l'esprit deviennent indissociables, unis dans ce même processus d'aller au bout de soi-même dans un mélange de liberté absolue et de contrainte totale.

Quand je disais qu'on philosophe en courant.

Km 8

La rue de Reuilly, avant le huitième kilomètre, forme une longue pente douce que les mollets repèrent très vite. Je ressens ici ma première difficulté réelle. Oh ! Pas grand-chose… À peine la nécessité de tirer un peu plus sur les cuisses pour garder le rythme. Mais il en résulte une haleine irrégulière donc, *a priori*, une légère accélération du rythme cardiaque. Vérification à ma montre poignet : 140 pulsations par minute, cela demeure tout à fait raisonnable. Vu ma nouvelle condition, je peux tourner à mon aise autour de 160. Approcher les 180 deviendrait compliqué.

Sinon, cet écran reste étranger à mon défi. Je ne voulais même pas le porter, c'est Alain qui a insisté pour que je le garde, comme point de repère au moindre signe de défaillance. Contrairement à mes voisins (et voisines) d'effort qui collent leur nez dessus toutes les minutes ou presque, j'y ai à peine jeté un œil au premier kilomètre, par curiosité (six minutes et trois secondes), et *basta*. Je préfère ressentir les choses, les vivre dans leur plénitude sans me soucier de contingences techniques.

Cela n'aurait aucun sens de galoper après un chronomètre. Ma seule ambition est d'arriver au bout pour me prouver que je peux continuer à vivre normalement.

Cette idée de la course à pied pour me sauver (dans le double sens du mot, il s'agit bien sûr ici de l'acception salvatrice et non de la fuite) m'a été soufflée par un ancien patient, devenu marathonien. Je me souviens encore de notre première conversation, à l'hôpital où il venait défendre la nécessité d'entretenir son corps par une activité physique, et présenter son association :

« Non seulement le sport n'est pas délétère, disait-il doctement, au contraire il transforme le quotidien.

— Et les médecins ? Ils sont d'accord ?

— Ha ! Ha ! Maintenant oui. Mais vous avez raison de poser la question. Au début, ils m'ont ri au nez, ils m'ont traité de malade, de fou furieux, de suicidaire. À vrai dire, je leur ai forcé la main : accord ou non, j'allais courir. Au final, mon chirurgien a préféré m'accompagner plutôt que de me voir faire des conneries seul dans mon coin.

— Pourquoi vouliez-vous courir à tout prix ?

— J'ai ça dans le sang. La course est ma passion depuis que je suis gosse. Dans la pratique puisque j'étais champion de demi-fond dans ma région. Mais aussi parce que je suivais à la télévision toutes les compétitions internationales. Je peux vous citer les vainqueurs des marathons olympiques depuis le berger grec Spyrídon Loúis en 1896 à Athènes, jusqu'au Kenyan Wanjiru qui vient de battre le record olympique à Pékin, en passant par Sohn Kee-Chung pour la Corée, en 1936, à Berlin, avec l'anecdote que le monde entier connaît qui est que comme son pays était occupé par le Japon il a baissé le regard au moment de l'hymne nippon sur le podium pour ne pas y être associé (savez-vous aussi qu'il s'entraînait en se lestant d'un sac rempli de caillou ?), sans oublier la première femme à Los Angeles, Joan Benoit…

— C'est bon ! C'est bon ! le coupai-je en riant, alors que j'ignorais tout de ce qu'il me racontait. Je veux bien vous croire ! Vous connaissez vraiment ça par cœur ?

— Ma passion, vous dis-je ! Aujourd'hui, c'est différent. La course est devenue ma raison de vivre. Et si je viens vous voir ici, dans le service, c'est pour qu'elle devienne aussi la vôtre.

— Vous croyez ?

— Tous les grands pontes, désormais, conseillent de se dépenser un peu.

— En effet, on m'a dit de marcher tous les jours.

— Courez, mon vieux. Courez ! N'hésitez pas ! Vous verrez, vous allez retrouver une forme du tonnerre… »

Cette conversation eut lieu moins d'un an après l'intervention. Il aura encore fallu plusieurs rencontres avec Oliver, c'est son nom, pour qu'il finisse par me convaincre. À ses côtés au début, puis avec Emy depuis deux ans, toujours sous la vigilance d'Alain, j'ai entamé un long chemin de plusieurs années jusqu'à ce marathon de Paris, défi suprême pour moi.

Grand et un peu pataud, je n'ai pas la corpulence d'un coureur de fond. Cela dit, Benedict Maverick n'a jamais eu la morphologie idéale non plus. Or il a couru quarante-deux marathons ! Au reste il a commencé, lui aussi, pour affiner sa forme. Disons plutôt ses formes : car malgré ses deux mètres, il affichait un sérieux surpoids ! Prenant goût au jogging, il a basculé vers le running, version moins pépère et déjà empreinte d'un esprit de compétition. Après quelques tentatives sur des *10 miles*[1], il a essayé des *half marathon*[2] dans son grand Sud américain, avant de plonger sur la distance mythique. Dans son livre, il explique pourquoi il a choisi Chicago en premier…

*

« Si Boston a la primeur de l'ancienneté, Chicago en est le dauphin. Sa chronique remonte au début du XXe siècle, lorsque quinze pauvres coureurs s'élancèrent par un bel après-midi, le 23 septembre 1905, au milieu des bicyclettes et des automobiles. Applaudis par des dizaines de milliers de spectateurs à leur passage aux faubourgs de la ville, seuls sept arrivèrent au terme du parcours, devant un public enthousiaste amassé dans la tribune d'un champ de courses. Malgré de tels débuts, l'épreuve sombra moins de vingt ans après, mais pour mieux renaître dans les années soixante-dix.

» À cette époque, un vent libertaire soufflait sur les grands pays occidentaux : contre la guerre au Vietnam aux États-Unis, courant post-soixante-huitard en

1. Environ 16 kilomètres.
2. Semi-marathon : 21 kilomètres.

France, les antinucléaires en Allemagne, etc. En Californie, des jeunes exprimèrent leur liberté en courant, semelles au vent, hors des stades. Ils désertaient le cadre réglementé des compétitions pour s'adonner à leur sport où bon leur semblait. On les prenait pour des doux dingues. Être bien dans son corps autant que dans sa tête. En boule de neige, le mouvement gagna peu à peu toute l'Amérique, puis le monde entier. Dans la foulée, le marathon de Chicago retrouvait ses lettres de noblesse en 1977.

» Autant dire la fierté que l'on ressent à courir dans cette ville parmi les pionnières. Surtout, le tracé est extrêmement plat tout au long de la boucle. Depuis le départ à Grand Park, puis sur les bords du lac Michigan, à travers le Loop et ses gratte-ciel historiques (les premiers sont nés là, dont le Home Insurance Building, et non à New York ainsi que certains le pensent à tort), jusqu'à l'arrivée sur Colombus Drive. Voilà un circuit propice à tous les records, mondiaux – il en est tombé un grand nombre ici, autant chez les hommes que chez les femmes – ou personnels.

» Bref, pour un débutant, la course idéale afin d'espérer arriver au bout sans avoir les muscles en compote ou le moral dans les chaussettes ! »

*

Pauvre Maverick ! Il n'imaginait pas que sa carrière de marathonien, entamée avec un tel entrain à

Chicago, se briserait de manière dramatique vingt-cinq ans plus tard.

Et moi, dans un quart de siècle, où serai-je ? Toujours vivant ? Toujours mes Asics aux pieds ? La question – qui me vient à l'esprit alors que je pense à Benedict en son tout premier marathon, comme moi ici à Paris – m'arrache un sourire dans l'avenue de Reuilly qui n'en finit pas.

Par bonheur, je sais qu'au loin, porte Dorée, m'attend mon petit groupe. Mais bon sang, ça grimpe quand même un brin ! D'ailleurs, j'ai l'impression que le meneur d'allure, là-bas devant, s'éloigne doucement…

Km 9

Le drapeau sautille à un mètre au-dessus des têtes. Il dodeline de droite à gauche à chaque foulée du coureur auquel il est arrimé par une tige souple, et arbore le dessin d'un gros chronomètre sur lequel est écrit un temps final. « 4 h 15 » pour celui, de couleur grise, que j'ai en ligne de mire. Naguère, des ballons gonflés à l'hélium servaient de jalon, mais ils explosaient sous les branches au passage du bois de Vincennes ou du bois de Boulogne.

Les organisateurs du marathon de Paris se targuent d'avoir inventé dans les années deux mille ces meneurs d'allure, visibles aujourd'hui partout dans le monde. Les champions bénéficiaient bien d'un « lièvre » pour les tirer vers les records, pourquoi les amateurs n'auraient-ils pas eu droit, eux aussi, à un coureur aguerri et sûr de son coup pour les guider vers leur performance ?

Les « plumes », comme on les appelle désormais en raison de la forme de l'oriflamme (les Américains disent encore *rabbit*), garantissent ici des arrivées entre

3 heures et 4 h 30, quart d'heure par quart d'heure, avec une couleur différente pour chaque allure et quatre fanions par couleur. Il suffit de repérer le bon drapeau dans les sas de départ et de rester à son contact tout au long du parcours.

Les meneurs représentent en effet des métronomes idéaux. Ponctuels aux ravitaillements, n'accélérant jamais à tort et à travers, ils maintiennent une constance parfaite dans l'effort. Et quand l'essaim humain autour d'eux bourdonne trop et empêche de leur coller direct au train, on peut toujours garder un œil, de loin en loin, sur le drapeau qui se dandine au-dessus de la course !

Enfin – selon le bon conseil de Dominique Chauvelier (le pape du marathon à la française) –, celui qui est au taquet pour maintenir le train d'un meneur ne doit surtout pas s'accrocher. Mieux vaut laisser filer et rester à son propre rythme, là où l'on se sent à l'aise. Donc si la plume devant moi s'éloigne à peine, ce n'est pas très grave. D'ailleurs, je n'ai aucune prétention à l'escorter, puisque le temps m'importe peu. En réalité, mon regard est attiré vers l'avant, pas tant pour suivre la fameuse tache grise, que pour scruter l'horizon à la recherche du panneau « Km 9 ». C'est là que m'ont donné rendez-vous Manon, Emy et Rafaël.

Dans de grands gestes d'encouragement, tous les trois m'attendent en effet, juste après le pont au-dessus du périphérique. Je perçois leurs cris en m'approchant, malgré la bronca d'une troupe de femmes qui martèlent avec application leurs percussions. Je suis si heureux de retrouver des visages familiers. Le prochain point de rencontre sera loin, à la sortie du bois de Vincennes, dans dix kilomètres.

J'ai peur que cette boucle dans la verdure, seul face à moi-même, soit longue. Je compte sur le cadre somptueux du plus grand parc boisé de Paris pour m'apaiser. Courir sous la végétation apporte une telle sérénité.

En tout cas, en Argentine, Maverick a apprécié…

*

« Pour ceux qui désirent s'inscrire au Maratón de Buenos Aires, méfiance… Il peut s'agir de la célèbre milonga des Queers : quarante-deux heures d'affilée pour quarante-deux couples, à danser le tango ! Dans ce format-là, le rendez-vous est unique sur la planète. Quoi de plus normal, dès lors, qu'il trouve sa place dans la cité de Carlos Gardel (même si ce dernier est né à Toulouse, et même si l'idée des festivals de *queer tango* vient de deux lesbiennes allemandes pour affirmer le respect de toutes les diversités).

» Quant au vrai marathon, il offre une valse inédite parmi les plus beaux arbres de Buenos Aires. Quel plaisir, quelle quiétude. Le circuit emprunte les grands parcs urbains depuis le nord de la ville, tout près de l'aéroport domestique, puis l'hippodrome, le jardin japonais ; il descend les allées de la présidence, traverse le quartier historique de San Telmo, revient par la presqu'île de Puerto Madero, et se conclut à Recoleta. Quelques lieux chargés d'histoire, aussi, comme la place de Mai où les mères, un foulard blanc noué sur leur tête, venaient tous les jeudis après-midi non pas courir mais marcher, dans le sens inverse des aiguilles d'une montre pour symboliser un retour au passé et l'espoir de retrouver leurs enfants disparus. Et puis des lieux de promenades ordinaires, peut-être hantés à leur époque par deux grands coureurs argentins qui ont marqué les marathons olympiques…

» 1932, Los Angeles. L'Amérique se relève à peine du krach boursier trois ans plus tôt, les Jeux intéressent peu dans ce pays en crise : Juan Carlos Zabala impose ses muscles fins et allongés de dix-neuf secondes seulement – après 2 h 30 de course ! – devant le Britannique Samuel Ferris. À vingt ans, il reste le plus jeune marathonien olympique de l'histoire.

» 1948, Londres. Sortir de la guerre, temps de l'austérité et de la reconstruction : Delfo Cabrera souffle la victoire au Belge Étienne Gailly, pourtant entré le premier sur le stade de Wembley, mais que des crampes pétrifient sur place. L'Argentin emporte ce marathon homérique où Gailly, après la terrible désillusion, finit troisième. »

*

Maverick a aimé sa course dans la nonchalance européenne d'une métropole que l'on surnomme « Paris de l'Amérique du Sud ». Buenos Aires fut candidate malheureuse à trois reprises pour l'organisation des Jeux, l'Argentine restant le dernier pays d'un membre fondateur du CIO à ne pas les avoir encore accueillis.

Un pas de deux sur le côté. Je saisis Manon par les hanches, fais mine de la basculer sur ma cuisse comme un danseur de tango, et dépose un baiser sur ses lèvres étonnées. Elle éclate de rire, me félicite pour mon entrain, me suggère de garder de l'énergie pour la suite, et me tend une nouvelle bouteille d'eau sucrée.

Pendant ce temps, Emy prodigue son habituelle salve de recommandations, que j'écoute d'une oreille distraite en acquiesçant d'un geste de tête machinal. Car je veux entendre ce que dit mon frère, peu loquace à l'ordinaire. Non sans émotion, Rafaël me remémore mes piètres prestations athlétiques sur la piste poussiéreuse du lycée, pour mieux démontrer combien je réalise ici un exploit. Je lis dans ses yeux brillants qu'il croit dur comme fer à ma réussite.

De fait, pour l'instant, je ne ressens ni mes jambes, ni mon dos, ni mes épaules, ni la moindre fatigue. C'est plutôt encourageant.

Km 10

Rafaël. Un solide gaillard, tout à l'opposé de moi. Avant que je ne m'enfonce vers le bois de Vincennes, il tient absolument à capter une image de son petit frère marathonien. Sous l'objectif du Smartphone qu'il tend dans ma direction, je prends une pause d'athlète de la Belle Époque jouant les gros bras, et lui adresse un franc sourire de bonheur.

Jadis, Rafaël me reprochait de ne pas aller le voir jouer au basket, et de ne jamais saisir des clichés de ses prouesses techniques. C'était un excellent ailier, rapide comme l'éclair, spécialiste des contre-attaques, vif en défense au point d'être le roi des interceptions, adroit à trois points, intelligent dans le jeu collectif. Bref un partenaire complet, que ses entraîneurs alignaient d'office dans le cinq majeur.

Sa carrière sous les paniers l'a mené jusqu'en Nationale 3 (à l'époque les Pro A, B, etc. n'existaient pas encore), où il se frottait aux premiers Américains payés en France. Je me souviens quand il racontait ses déplacements en Chalosse, à Pornic, ou dans la banlieue parisienne. À mes yeux d'adolescent de province, il s'envolait au bout du monde.

« Tu devrais faire davantage de sport, me glissait-il le soir avant que nous ne nous endormions dans notre chambre commune. C'est drôlement chouette.

— Tu sais bien que je ne peux pas avec mon asthme.

— N'empêche, tu devrais essayer. Je suis sûr que tu respirerais mieux.

— Bah ! T'y connais quelque chose, toi ? Même les médecins, ils disent que je dois éviter les efforts.

— Je me méfie des blouses blanches. Ce que je sais, moi, c'est que les biscotos ça fait tomber les filles comme des mouches ! »

L'argument était imparable. Ma timidité dévorante et mon frêle aspect m'avaient classé dans les garçons renfermés. La proximité avec mon frère, beau comme un dieu et fier de son corps, n'arrangeait rien à l'affaire. Plus il s'épanouissait, plus je me recroquevillais. Néanmoins, Rafaël ne cherchait jamais à me blesser, au contraire, il me préservait sous sa tendre protection. À aucun moment nous n'avons été des rivaux. Puis nos routes se sont séparées, il s'est adonné au tennis ou au squash. Depuis la cinquantaine, qu'il porte avec splendeur, le golf est sa nouvelle ivresse.

Un dernier regard vers lui, vers Manon et Emy, et je reprends ma longue chevauchée. J'en suis presque au quart, la distance derrière moi correspond à l'une des séances basiques que j'accomplis au moins deux fois par semaine depuis deux ans. Donc tout va bien.

Mais songer à notre passé commun, avec Raf, me ramène à des crises d'asthme plus marquées, en particulier celle où ma mère a cru que je mourais. Un samedi matin de forte chaleur, d'un seul coup, je me suis mis à étouffer en sifflant comme un cheval-vapeur. La Ventoline n'y a pas suffi. Affolée, maman a alerté les pompiers qui m'ont conduit dare-dare à l'hôpital, où j'ai été placé sous respirateur artificiel jusqu'au soir.

Plus de peur que de mal, mais il est parfois des situations angoissantes dont on ignore comment elles vont évoluer. Le mieux est de faire le dos rond et d'attendre que ça passe.

Le dos rond. Pas évident quand la douleur vient de là, comme durant la course que Maverick a voulu terminer coûte que coûte malgré sa hernie discale…

*

« Pourquoi diable avoir choisi Hong Kong ? Pour le dynamisme de cette péninsule occidentale rattachée à la Chine depuis peu ? Pour sa foule bariolée et toujours en mouvement ? Pour la beauté du site, cette baie entourée de montagne ? Allez savoir ! En tout cas, tous ces éléments réunis font que prendre le départ du marathon avec le dos en compote devient un calvaire.

» La masse est tellement dense, plus de cinquante mille coureurs en trois vagues lancées à une demi-heure d'intervalle, que l'on est toujours bousculé. L'humidité constante – en dépit de l'heure matinale du coup d'envoi – et la chaleur qui s'installe en cours de matinée sont une autre forme de handicap. Enfin, il faut en franchir des ponts, dans un sens, puis dans l'autre, avec la pente qui se répète de chaque côté. Monter des collines, les redescendre. Et pour achever les moins solides, trente mètres à dévaler dans un tunnel sous la mer, mais surtout à gravir en sortie pour rallier l'île de Hong Kong : le baiser de la mort avant l'arrivée sur Victoria Park.

» Très vite la douleur prend le pas sur le plaisir de courir. Chaque coup de talon au sol envoie une décharge vers la colonne vertébrale. Le dos est alors pire que l'enfer de Dante, les muscles lombaires plus durs que les mollets de Murakami, qu'il fait pourtant travailler comme des esclaves : "Si l'on augmente progressivement leur charge, ils apprennent à l'accepter [...] obéissent et s'endurcissent insensiblement. [...] Nos muscles sont très consciencieux. Aussi longtemps qu'on les entraîne correctement, ils ne protestent pas."

» Ici, le dos proteste, il fait mal, très mal. Pourtant comme chez l'écrivain japonais – qui a toujours refusé d'abandonner ou de marcher –, le corps ne cédera pas et endure la douleur. Avec au final un chrono à plus de 5 heures. »

*

Court sur pattes, Benedict Maverick doit sa grande taille à un tronc interminable. Est-ce pour cela que son rachis l'a autant martyrisé ? Hong Kong sera l'un de ses tout derniers marathons. À voir les gens autour de moi, toutes sortes de gabarits traversent pourtant l'épreuve : des râblés, des grandes perches, des enrobés, des trapues, des maigrichonnes, des affûtés, des poids lourds. Aucune règle ne semble édictée.

Tiens, à propos de règles… Dixième kilomètre, deuxième ravitaillement : arrêt obligatoire !

Ma pause me permet de grignoter des raisins secs et de finir la petite bouteille que m'a donnée Manon. La prochaine me sera tendue par un bénévole, dans une demi-heure, j'espère…

Km 11

L'entrée en forêt se fait par sa partie la plus urbaine. On contourne le zoo, puis on vient effleurer la minuscule enclave du Val-de-Marne que forme Saint-Mandé, avant de longer la forteresse de Vincennes et son donjon carré de cinquante mètres de haut surmonté du drapeau tricolore, le plus vaste château fort royal de France. La bâtisse faillit accueillir, dans les années soixante, un de Gaulle désireux de quitter l'Élysée qu'il trouvait trop enclavé. Le projet avorta.

Forêt est un bien grand mot pour qualifier le bois de Vincennes. Certes il y a d'étroites allées cavalières en terre – pas toujours adaptées pour un footing dominical parce que trop meubles – que je vois disparaître sur les côtés. Le tracé du marathon se cantonne aux routes goudronnées, assez larges pour la marée humaine qui s'y déverse. Et encore, certains virages doivent se négocier par un piétinement. Mais la présence de tous ces arbres offre une agréable bouffée d'oxygène et un peu d'ombre, appréciée même à dix heures du matin. Je perçois des effluves végétaux qui remontent des buissons, et des sifflements d'oiseaux qui parviennent à s'imposer.

Oui, s'imposer. Car au-delà des sons, parfois bestiaux, émis par les coureurs, d'autres bruits nous accompagnent en permanence. Celui des multiples animations égrenées à notre passage : orchestres, fanfares, chanteurs, bandas, danseuses, percussions, pom-pom girls, DJ, et autres musiciens en tous genres. Rue de Rivoli, j'ai entendu du rhythm'n'blues puis des djembés africains, de la samba brésilienne chaloupait place de la Bastille, peu après, rue du Faubourg-Saint-Antoine, un groupe de cuivres interprétait une version inattendue de *La Groupie du pianiste* (pauvre Michel Berger terrassé en sportif, aurait-il dû courir au long cours plutôt que s'adonner à la violence du tennis ?). J'ai aussi vu passer – l'expression peut sembler bizarre puisque c'est moi qui suis mobile et les musiciens fixés à un endroit donné, mais elle correspond exactement à mon ressenti – donc j'ai vu passer des tambours près du lac, puis des percussions traditionnelles d'Afrique, et au ravitaillement il y a moins de dix minutes un son dancefloor m'a brisé les tympans.

Enfin, rien que pour le onzième kilomètre que je suis en train d'achever, trois stands se succèdent : les pom-pom boys rigolos et enthousiastes du club d'athlétisme des « Front Runners » (c'est inscrit sur leur tee-shirt), de la musique bavaroise bien grasse, et ici, sur l'esplanade du château, je reconnais un très à propos *Always on the run*, de Lenny Kravitz, repris par un groupe régional.

Toutes ces animations aident à oublier son corps et ses sensations physiques. Les minutes défilent sans que je m'en rende compte. Dans son énergie, la musique est un soutien formidable.

Soutien sur lequel comptait Maverick à Cuba…

*

« Voilà un étonnant pays, en forme d'alligator, qui a chassé les capitalistes mais leur fabrique toujours d'énormes cigares. La mer y est d'un bleu inouï, le soleil y donne la même couleur de peau. Surtout, la musique coule dans les veines de ses habitants comme nulle part ailleurs. Une musique métissée, complexe, issue de ce qu'on a appelé le *son*, rythme à quatre temps à l'origine des rumba, cha cha cha, mambo, ou salsa. À Cuba, on chante et on danse comme on respire.

» Par contre pour le marathon de La Havane, surnommé Marabana, on ne respire pas comme on danse ! Le long passage en front de mer (la boucle s'effectue deux fois), en dépit de la beauté époustouflante des sept ou huit kilomètres du Malecón, s'avère épuisant. Le vent y est puissant, les embruns collent à la peau, la mer éblouit, et la musique se montre moins présente que ce à quoi l'on s'attendait.

» Cependant, comment perdre le moral sous l'œil intrigué des habitants qui vivent l'embargo depuis tant d'années ? Comment ne pas avoir une pensée pour leur situation économique et politique au passage de l'immense place de la Révolution, où Castro débitait d'interminables discours devant plus d'un million de personnes ? Comment oser se plaindre de peiner à avancer devant ce peuple dont l'unique ambition, l'envie dévorante désormais, est de se propulser d'un seul bond – une foulée géante – dans le monde moderne ?

» Certes, le soleil brunit tout le monde sans exception. Il accompagne la musique au corps, entretient la chaleur humaine, apporte davantage de joie au cœur. Rend-il pour autant la misère moins pénible ? »

*

En ce dimanche d'avril, le soleil qui envahit doucement le ciel parisien est le même qu'à Cuba. Pourtant, le climat n'est pas celui que Benedict a connu aux Caraïbes. Le mercure est loin des vingt-cinq degrés d'une matinée de novembre à la Havane. En ce moment, il doit plutôt approcher les quinze degrés.

La sueur commence néanmoins à perler sur mon front.

Km 12

La fraîcheur du matin laisse place à une tiédeur ambiante qui se transforme vite en chaleur pour les corps déjà montés en température après plus d'une heure de course. Je le vois aux visages qui se tendent, aux nuques qui transpirent, aux maillots marqués par les auréoles de plus en plus larges près du creux des reins, sous les bras, ou à la naissance du cou.

Vers la fin du douzième kilomètre, de nombreux coureurs profitent du point « épongement », route de la Pyramide, pour s'asperger la tête. On attrape l'éponge gorgée d'eau dans une immense bassine, on presse l'éponge dégoulinante sur la nuque, et on jette l'éponge (sans pour autant abandonner la course) dans des containers vides un peu plus loin. Pas facile de viser juste, aussi le sol est-il jonché de ces carrés trempés, *attention par terre ça glisse*, que des petites mains anonymes (merci à elles) ramassent consciencieusement, nettoient, et recyclent dans les bassines d'eau.

Dans ce genre de compétition, le crâne est le premier à s'embraser. D'où aussi la multitude de bandeaux éponge, casquettes, bobs, et autres fichus en coton qui émergent au-dessus du flot de la course. Certains participants, déguisés pour accentuer le côté festif de la journée, en profitent pour s'octroyer un couvre-chef plus atypique.

Ainsi, ce garçon et cette fille (couple dans la vie aussi ?) que j'ai doublés il y a un moment : lui, une petite calotte rayée sur les cheveux, assortie au costume de bagnard qui le couvre des épaules aux talons comme un grand pyjama ; elle, en uniforme de flic new-yorkais portant la casquette anguleuse de couleur bleu sombre avec son écusson juste au-dessus de la visière. Mais surtout, mes deux lascars sont enchaînés l'un à l'autre par les chevilles (s'ils vivent ensemble, la symbolique est très particulière). Quelle idée…

Ils ne sont pas les seuls, loin de là ! J'ai pu voir un Casimir, un Marsupilami, Astérix et Obélix, des clowns en tous genres, une sorcière, Superman, les Blues Brothers, une vache normande (et ses faux pis) perduc dans cette marée, un père et la poussette de son enfant (une poupée en lieu et place du bébé, c'est heureux). On peut, réellement, tout inventer. La preuve, et je leur décerne une palme hors catégorie : deux pauvres hères enfouis sous un immense tissu marron clair les recouvrant jusqu'aux hanches ; un pantalon de même couleur sur leurs jambes, qui forment, dès lors, quatre pattes ; mon premier, légèrement avancé, tient à bout de bras une jolie tête animale au sourire béat ; mon second, à peine en retrait, agite régulièrement une ficelle attachée sur ses fesses figurant une longue queue chassant les mouches ; mon tout donne vie à… un chameau ; oui, oui… les deux bosses ne sont rien d'autre que les têtes des deux malheureux ! De simples échancrures pour les yeux leur évitent de se mélanger les pieds. Seul espoir pour eux en symbolisant cet animal du désert : ne pas mourir de soif ?

Mon dieu ! Je n'en reviens pas. Comment peut-on courir plus de quarante-deux kilomètres ainsi accoutré ? Pourquoi s'infliger, en plus de la difficulté initiale de l'épreuve, une telle punition ? Pour moi, ce n'est même pas concevable. Non, vraiment, je ne comprends pas.

En revanche, défendre une cause médicale. Mettre sa bonne forme physique au service de la santé des autres. Oui ! Toutes ces équipes d'entreprises, ces groupes d'amis, ces clubs sportifs qui arborent un flottant au profit d'une fédération pour handicapés, d'un service de recherche médicale, d'une action à mener contre tel fléau, d'une ONG basée en Afrique, etc.

Un peu comme moi avec dans mon dos l'adresse mail de l'association d'Oliver. Je trouve que c'est la moindre des choses.

Cela me fait penser à l'une des courses de Maverick…

*

« Londres. Le marathon qui rapporte, au monde, le plus d'argent pour les causes caritatives : plusieurs dizaines de millions de *pounds*[1] chaque année. *Run for*

1. Livre sterling : la monnaie britannique.

Charity est devenu le slogan phare de l'épreuve, à tel point que celui qui ne s'inscrit pas dans un programme caritatif pourrait se sentir mal à l'aise au milieu de sportifs qui ont tous, ou presque, versé leur obole.

» Londres. C'est ici qu'a été inventée la distance actuelle du marathon. Car pour les trois premières olympiades dites "modernes", à partir d'Athènes en 1896, on courait environ quarante kilomètres, en référence à la bataille grecque. Mais les Jeux avaient démontré un certain cafouillage dans l'organisation. Il fut donc décidé, à Londres en 1908, de fixer une réglementation définitive. Or, pour satisfaire les caprices de la couronne britannique, la course devait s'élancer de la pelouse du château de Windsor et arriver sous la loge royale d'Edouard VII dans le stade de White City. Ce qui explique les 26 miles et 385 yards : 42 kilomètres et 195 mètres.

» Londres. Avec un souvenir imprégné au plus profond pour les concurrents : le passage du Tower Bridge. Une foule bigarrée et joyeuse y forme une haie d'honneur de part et d'autre des immenses tours de pierre, sous lesquelles on s'enfonce avec le sentiment d'être écrasé par le poids de l'histoire. Mais quelle ambiance ! Les spectateurs crient, chantent, hurlent, applaudissent à tout rompre, se brisent les cordes vocales, encouragent à pleins poumons. Certains cherchent à s'arrimer sur les haubans, d'autres grimpent le long des piliers des lampadaires, les plus téméraires tentent de tenir en équilibre en haut de la rambarde. Impossible de franchir le pont sans ressentir une joie intense et une émotion inégalée. »

*

J'imagine assez Benedict Maverick acclamé par une foule en délire !

Pour cette année, la cause portée par le marathon de Londres – il a lieu dans quinze jours – est la lutte contre le cancer. Par ailleurs, les organisateurs annoncent la tenue d'une épreuve virtuelle. Tous ceux qui n'auront pas réussi à s'inscrire pour courir physiquement pourront tout de même participer au moyen d'avatars. Ainsi, traverseront-ils la capitale anglaise grâce à des applications de réalité augmentée, depuis leur salon, face à un écran, tout en s'échinant sur leur tapis de course !

Le premier marathon digital.

Le pire, c'est qu'il y aura des volontaires.

Km 13

« Si tu passes le kilomètre treize, tu iras jusqu'au bout !

— Manon, tu sais bien que je ne suis pas superstitieux.

— Moi oui. Et si tu m'aimes, tu dois me faire confiance.

— Enfin ! La course à pied n'a rien à voir avec la numérologie, les astres, ou je ne sais quels tarots. Ce n'est que de la mécanique. Il s'agit d'entraîner le corps pour l'adapter à un effort physique sur la durée. À la limite tu y ajoutes un peu de mental quand les muscles sont à la peine. Point final.

— Tu verras, chéri. Je te prédis, moi, que si le "13" va bien, tu termineras. Note que le "3" compte aussi, mais comme il est au tout début, je n'ai aucune inquiétude. En revanche, dans les quarante-deux, tu as trois fois treize : au "13" donc, au "26", et au "39". Mais là, au trente-neuvième, ce sera de la gnognotte… tu seras quasiment arrivé ! »

Je ne veux pas décevoir mon ange blond, pourtant j'ai lu sur Internet des récits de néo-marathoniens qui décrivent comment, la mort dans l'âme, ils ont dû abdiquer à trois kilomètres de la fin. Parce que le souffle les abandonne ; même assis par terre ils pouvaient à peine respirer. Parce que les jambes disparaissent sans crier gare ; ils n'avaient plus la force de tenir debout. Parce que le temps les rattrape ; la voiture-balai venait de les dépasser en affichant les 6 heures couperet. De quoi pleurer. D'ailleurs, tous ont chialé, de tristesse, de souffrance, de colère. Pas sûr que ceux-là se frottent une seconde fois à la distance mythique.

Manon est un drôle de bout de femme. Trois années de moins que moi au calendrier, mais dans sa tête une bonne vingtaine ! Quelle énergie, quel entrain, quelle joie de vivre. Toujours à engager un nouveau projet. Des dizaines d'idées pour le lendemain, pour le jour d'après, pour plus tard. Elle foisonne, déborde, jubile, entraîne dans son tourbillon. Je l'aime pour cela. Pour sa folie heureuse. Parce que la vie à ses côtés est une fête permanente. Aussi parce qu'elle m'a accepté comme je suis, avec mes défauts, mon côté renfermé, parfois taciturne.

Nos chemins se sont croisés un samedi 13, celui du mois de mars (troisième mois calendaire) de l'année mille-neuf-cent-quatre-vingt-*treize* ! Coïncidence ou destin ? Du coup – je crois davantage par jeu que par conviction réelle –, elle ignore la phobie habituelle du chiffre maudit pour au contraire le valoriser : notre mariage fut célébré le 13 mars 1999 (un samedi comme notre rencontre en 93), à 13 h 13 à la mairie du XIIIe arrondissement de Paris où vivent ses parents (pas facile de convaincre l'adjoint au maire pour l'horaire, même un samedi) ; elle adore organiser des dîners à treize convives (aucun ne lui a jamais fait une scène) ; chaque vendredi 13 nous allège de treize euros pour l'Euro Millions (pour l'instant, la chance ne nous a pas souri) ; mais, pour compenser, mon treizième mois de salaire est placé sur un compte destiné à alimenter nos voyages de noces, un tous les treize ans ! Le premier en Grèce (nous avions peu économisé), le deuxième au Maroc (mon état de santé m'interdisait les très longs voyages), le prochain est prévu en Australie ! Quand je disais qu'un grain de folie l'habite.

Sans Manon, je ne serais pas là, à escalader cet Everest de la course qui me prouvera que je peux continuer à vivre, comme tous autour de moi, sans handicap. Oui, je lui dois de finir. En alignant mes foulées, tic-tac régulier de mon horlogerie interne, je la sens proche de moi. Sans cesse, à la moindre faiblesse, au premier soupçon de la première inquiétude, mon esprit se tourne vers elle. La perspective de son regard lumineux à notre prochain contact m'emplit tout entier. Je ne pourrais pas courir sans Manon. Elle est ma raison de vivre. À aucune seconde, elle n'a douté de ma réussite. Alors son histoire du treizième kilomètre et de superstition…

*

« Parce que saint Patrick y avait symbolisé sur les trois feuilles en forme de croix la trilogie catholique pour mieux évangéliser le pays, l'Irlande en a fait son emblème. Sauf que la nature s'autorise parfois des trèfles à quatre feuilles qui, au contraire du chiffre treize peu fréquentable chez les chrétiens (alors que les juifs l'adorent, allez comprendre), deviennent des porte-bonheur. Il suffit pour cela de conserver dans son portefeuille ce petit bout de plante séchée.

» Courir le marathon de Dublin, son trèfle à quatre feuilles dans une pochette plastique cousue sur le plastron, ne peut que garantir LA course idéale et l'espoir d'un temps honorable. Ainsi fait ! Meilleur chrono sur quarante-deux épreuves disputées : 3 h 19 ! Signe indéniable de la chance ? En réalité, le parcours plat – excepté une légère montée à la sortie du Phoenix Park – qui offre la possibilité de courir le second semi un peu plus vite que le premier, n'y est pas étranger. Tout comme le climat, ni trop chaud ni trop froid grâce au Gulf Stream, tout au long de l'année, donc en octobre aussi. Sans omettre une forme physique parfaite, indispensable à une telle réussite, tout comme, sans aucun doute, un mental solide ce jour-là.

» Quant à la superstition… Courir avec un trèfle à quatre feuilles, lacer ses chaussures par une double boucle, porter sa couleur fétiche, manger un sucre tous les trois kilomètres, s'arrêter uriner d'office au quatorzième pour un homme, vernir ses ongles en fluo pour une femme, attacher son dossard avec ses épingles maison même usées plutôt que d'utiliser celles fournies par l'organisateur, tous ces gestes fétiches aident-ils à mieux avancer ? Non, bien sûr. Une très bonne performance est *d'abord* le fruit des efforts produits en amont : une préparation parfaite, des entraînements en nombre suffisant et bien construits, les kilomètres accumulés dans les guiboles depuis plusieurs mois, voilà ce qui conduit à une belle course.

» Pourtant, à bien y réfléchir, ne faut-il pas admettre que la performance dépend *aussi* de la confiance que l'on a en soi ? Oui, à l'évidence. Alors si quelque motif de totémisme, une croyance particulière, ou des petits actes de superstition permettent d'augmenter de façon sensible cette confiance-là, aucune hésitation : il faut l'accepter sans se poser de question ! »

*

Je souris en imaginant ce cher Benedict, son petit trèfle à quatre feuilles cousu sur son maillot…

Sans blague, il a raison. La tête marche avec les jambes. Et vice-versa ! Ainsi, en totale confiance avec moi-même – une étrange légèreté me porte presque au-dessus du sol –, je décide d'allonger ma foulée pour franchir au plus vite le panneau du fameux kilomètre treize, et ainsi rassurer Manon (je sais qu'elle me ressent aussi à distance).

Mais soudain, en moins de dix mètres, une douleur pince mon abdomen, à droite, diffuse au début, puis plus sensible à chaque pas. Elle s'accentue, devient de plus en plus profonde. Comme un clou pointu qui s'enfoncerait doucement en moi.

Je suis frappé par un point de côté.

Km 14

Ne pas confondre confiance et excès de confiance.

Dans le premier cas, l'organisme se sent bien dans son entier, les muscles sont souples, les articulations libérées, la machine avance avec la régularité d'une locomotive à vapeur dont le souffle bruyant cadence chaque tour de bielle. La pensée, dégagée de toute attention physiologique, vagabonde dès lors vers un ailleurs indéfinissable, un infini porté par les paysages autour, par l'horizon qui se rapproche et s'éloigne à chaque fois qu'un pied touche le sol. Le droit, puis le gauche, mouvement répété en boucle dont la frappe devient un mantra inattendu. « Chute et envol se combinent parfaitement dans un mouvement cyclique qui se recharge lui-même et peut se reproduire à l'infini », ajoute le chorégraphe Dominique Dupuy. L'esprit n'est pas séparé du corps, les deux ne font plus qu'un, ils fusionnent dans un élan charnel et spirituel insondable. On se sent exister comme jamais. De telles conditions permettent d'accéder au fameux « second souffle ».

Dans le deuxième cas, une illusion s'opère, ainsi qu'un mirage de chaleur donne à voir un reflet d'eau au loin. Tous les paramètres sont au vert : respiration tranquille, sensations physiques stables, moral au beau fixe. Bref, le moteur ronfle bien, on imagine alors pouvoir le pousser, appuyer sur la pédale d'accélération, oh à peine, juste de quoi gagner un iota en vitesse, améliorer sa vélocité. Sauf que cela requiert une attention maximale, pour vérifier la façon dont on étire davantage les jambes vers l'avant, pour être certain que les pulsations cardiaques ne s'envolent pas, pour mesurer comment chaque ischio réagit à la sollicitation. Or cette tension-là, depuis le cortex jusqu'au dernier pore de la peau, crée du stress. Beaucoup de stress. Situation en or pour la blessure sournoise et patiente, guettant son heure, trop heureuse d'en profiter.

J'en ai vu de ces victimes accablées (alors que la course est seulement au tiers), à l'arrêt forcé sur le côté. Sans doute n'ont-elles pas ressenti le claquage de Billy Joe dans *Plus vite que son ombre* de Tom McNab, ce coup de couteau, « comme si quelqu'un avait enfoncé une lame en plein cœur du muscle, à l'arrière de sa cuisse droite ». Non, plus raisonnablement, une simple crampe les a contraintes à marquer une pause, prodiguer un massage, étirer la jambe, marcher un peu. Elles peuvent espérer se relancer, retrouver leur allure, et finir sans autre souffrance.

Moi, piégé par un excès de confiance, je me suis laissé aller à vouloir en finir trop vite avec ce satané treizième kilomètre. Pas de panique ! Ce n'est qu'un petit point de côté, tel que ceux que j'ai affrontés à l'entraînement. Une simple bulle d'air dans les intestins. Aussitôt je ralentis le rythme pour retrouver un allant de jogger du dimanche.

Voilà, tout doux... Pose ton souffle...

Je m'appuie sur ma respiration pour apaiser mon émotion. Car d'un coup, j'ai failli croire à la malédiction du chiffre 13 ! Mon sang n'a fait qu'un tour. Je me suis vu finir bredouille, là, scotché à ce kilomètre de malheur. Un instant j'ai envisagé que Manon puisse avoir raison. Mais non, cela ne se peut. Sa confiance est immense, et mon ambition intacte.

Ça va mieux, déjà. La douleur s'estompe. Ouf...

Profitons-en pour un bref check-up. La chaleur qui irradie les orteils s'inscrit dans les limites du raisonnable. Pas d'ampoule en vue, cette « petite lumière qui s'allume sous le pied du joggeur pour lui indiquer qu'il n'a pas choisi la bonne marque de chaussettes » selon la définition de Gérard Ejnès dans son *Dictionnaire absurde du footing et du marathon* ! Les mollets répondent avec une fidélité déconcertante, et les cuisses semblent ne pas exister ; je n'ai pourtant usé d'aucune embrocation aromatisée ni de Baume du Tigre pour les relaxer. Les genoux tiennent le choc, bonne nouvelle d'autant que je n'en dispose pas de rechange. Épaules, bras, poignets : aucune raideur alarmante. Quant au cœur, je préfère continuer à l'oublier. J'aurais le temps d'y penser. Oui, bien assez le temps.

Le temps...

*

« S'il est une ville où le temps compte plus que partout ailleurs, c'est bien Genève. Le berceau de la mécanique de précision accueille désormais un marathon, où le tracé ne pouvait que saluer la célèbre Horloge fleurie, dans le Jardin anglais, près du lac Léman. Son cadran est une composition florale magistrale qui évolue au fil des saisons, et sa trotteuse réglée par satellite se prétend la plus longue du monde avec ses deux mètres cinquante. C'est drôle, une trotteuse qui attire à elle des milliers de trotteurs.

» Le temps. Ne pas voir le temps passer. La tâche est plus ardue qu'il n'y paraît pour un marathonien. Sisyphe, génial inventeur de l'inutilité – que Camus qualifiait de héros absurde –, est le symbole absolu de la temporalité, par la parabole du soleil qui s'élève le matin de l'horizon pour y replonger le soir. Il a dû courir le marathon. Forcément. À preuve, s'il en faut, l'académicien français Roger Caillois a écrit : “Il n'y a pas d'efforts inutiles, Sisyphe se faisait les muscles.” Nul autre que lui, en tout cas, ne peut être meilleur référent pour voir défiler les kilomètres. À peine le précédent s'achève que le suivant commence pour le coureur qui, tel Sisyphe, repart de zéro à l'assaut de mille nouveaux mètres.

» Les techniques varient pour faire passer le temps. Les plus téméraires peuvent lui donner chair en le rendant visible en permanence ; ils ne décrochent jamais le nez de leur montre. D'autres préfèrent caler leurs deux oreilles entre des écouteurs et se laisser porter par la musique. Les plus érudits récitent à la volée des vers de Shakespeare (cela fonctionne également avec Molière, Rimbaud risque d'être un peu court, Maupassant un peu lassant). On trouve aussi des comptables professionnels qui découpent la course en tranches napolitaines, *deux kilomètres il en reste quarante*, bien vu, *trois voilà un quatorzième de fait*, pourquoi pas, *quatre encore neuf fois la même distance plus six*, compliqué à retenir, *six c'est un septième du total*, donc sept sera un sixième, *dix presque un quart*, on se rassure comme on peut, *quatorze plus que deux tiers*, etc. »

*

Là, Maverick met le doigt sur une logique qui me convient. À tel point que le panneau « Km 14 » est un vrai soulagement. Il marque une étape majeure, le tiers du défi accompli. Plus que deux fois la même chose. Or les quatorze bornes, je les cumule sept ou huit fois par mois.

Autant dire que, sans exploser de joie, je suis rasséréné après mon point de côté (qui m'a oublié).

Km 15

Benedict Maverick enrôle ses lecteurs dans une épopée historique des États-Unis. Nombre de ses romans plongent leurs racines dans la tragique sécession du Sud, chez ces Américains esclavagistes qui avaient refusé, à la fin du XIXe siècle, le programme abolitionniste d'Abraham Lincoln. Guerre inutile, menée par une poignée de Blancs (cinq pour cent à peine des huit millions vivant dans la Confédération), qui déboucha en fin de compte sur le treizième amendement de la Constitution interdisant la servitude. Période passionnante que l'écrivain triture au fil de ses livres, notamment dans *Bloody Cotton Fields*[1]. Cette saga, qui l'a rendu célèbre, déroule la chronique des grands propriétaires floridiens de champs de coton, dont l'ultime trace visible demeure la Gamble Plantation, à Ellenton, au sud de Tampa.

C'est par son histoire personnelle que Maverick a apprivoisé l'écriture. Au début des années quatre-vingt

1. Les champs de coton rouge sang.

– cinq ans après le célèbre *The Complete Book of Running* de Jim Fixx – a surgi dans les rayons de librairies l'incroyable récit de sa perte de poids : *Courir m'a sauvé*. Maverick y raconte comment il s'est délesté de plus de quarante-cinq kilos en quelques semaines, en grande partie grâce à la course à pied. Professeur de littérature au Kendall Campus, dans la banlieue sud de Miami, il ne supportait plus son image d'obèse en devenir, face à des étudiants à peine moins âgés à qui le baseball, la natation, le basket ou des séances régulières de *work-out*[1] sculptaient des corps d'éphèbes.

Peut-être avait-il lu *Si par une nuit d'hiver un voyageur* du romancier italien Italo Calvino : « Ici, pendant la journée, si l'on ne va pas au campus, à la bibliothèque, aux cours de ses collègues ou à la cafétéria de l'université, on ne sait pas où aller ; la seule chose à faire est de se mettre à courir en long et en large sur la colline, entre les érables et les saules, comme font nombre de mes étudiants. »

Couchant sur le papier les transformations de sa chair (il est passé de 280 à 180 *pounds*[2]), et leurs séquelles sur son âme, Maverick s'est découvert une vocation de conteur. Un très bon, d'emblée, puisque l'ouvrage est devenu l'une des meilleures ventes de l'année quatre-vingt-deux ! Ses aurores transpirantes près de la plage (« la beauté du soleil irisant l'océan effaçait ma honte devant les septuagénaires adeptes de

1. Musculation.
2. De 127 kilos à 81 kilos.

la marche matinale »), ses renoncements de débutant (« m'effondrer au bout de 200 mètres… ») suivis de ses progrès (« … réussir à avaler un kilomètre entier, puis deux, puis cinq »), sa volonté de fer ont ému dans un pays où l'on aime les réussites impossibles et les challenges perdus d'avance. Benedict avait vingt-huit ans.

Après cette première narration, son imagination a pris le relais de ses tripes avec une belle efficacité. Le jeune prof est devenu romancier à plein-temps. Sans oublier que la course, désormais inscrite dans ses gènes, l'avait propulsé vers une existence toute neuve. Deux ans plus tard, il s'élançait pour son premier marathon, à Chicago, le bouclant de manière très honorable en 4 h 12. Je ne sais pas quel a été l'impact de la course sur sa manière d'écrire, il ne l'évoque pas. Une chose est sûre, les romans se succèdent, les *26 miles*[1] aussi. En 2011, pour le quarante-deuxième (chiffre spécial à ses yeux), il choisit sa ville, Miami, sans imaginer les conditions tragiques dans lesquelles il l'achèverait (ou l'inverse), et qui allaient le contraindre à raccrocher définitivement ses chaussures.

Son livre *Mes quarante-deux marathons*, que j'ai découvert par hasard chez un bouquiniste parisien, est paru moins de deux ans après le drame de Miami. Sans doute a-t-il fallu du courage à Benedict pour signer ce nouveau récit autobiographique, portant d'ailleurs davantage sur la joie des épreuves que sur sa souffrance actuelle. Parmi les quarante-trois chapitres, un seul en

1. Distance du marathon en mesure anglo-saxonne.

effet, le tout dernier, aborde cette séquence intime, chacun des autres est consacré à une course particulière. Comme si l'auteur voulait conserver intact le souvenir, et lui seul, des émotions vécues à chaque fois.

L'une des plus intenses pour lui ayant été en Virginie, et on comprend pourquoi…

*

« Pour qui a tant travaillé sur ces chers Sudistes, le cœur s'emplit d'une fébrilité presque amoureuse à fouler le sol de ce qui fut leur capitale. Richmond. Le départ du marathon y est donné à cinq *blocks*[1] de la White House of the Confederacy, le siège du gouvernement sécessionniste de 1861 à 1865. Pour échauffer doucement les muscles, il est d'autant plus troublant de trottiner autour de cette maisonnette de stuc où vivait le président confédéré Jefferson Davis. L'homme, au visage anguleux prolongé d'une barbichette pointue, a laissé dans l'histoire une aura moins prestigieuse que celle de son chef militaire, Robert Lee. On lui a reproché de nombreuses erreurs stratégiques, et un manque de clairvoyance économique dans la gestion de la Confédération.

» Sa statue trône pourtant au milieu de Monument Avenue où, il est vrai, les généraux Lee, "Stonewall" Jackson, ou Stuart affichent eux aussi leur fierté, campés sur leur monture de bronze. Après cette rue, qui appartient désormais au patrimoine national, un autre

1. Pâtés de maison.

endroit du tracé ne peut laisser indifférent : la James River, que les coureurs longent sur plus de trois kilomètres. Elle a marqué le conflit par la victoire de Lee, contraignant les Yankees à repasser sur l'autre rive, un an après le début de la sécession. Malgré ce succès, et au terme d'un long siège et d'une défense héroïque, Richmond est finalement tombée aux mains des Nordistes, qui n'y trouvèrent plus que ruines et cendres. Les cadavres s'empilaient par dizaines de milliers, comme en témoigne l'immense pyramide de blocs de granit au cimetière d'Hollywood, sur les berges de cette même rivière.

» Enfin, quelle arrivée symbolique à l'emplacement précis des anciennes aciéries de Tregedar ! Là, les fours tournaient nuit et jour pour fabriquer les canons et les munitions des Confédérés. La vitalité de ce complexe industriel a d'ailleurs été l'une des raisons pour lesquelles la ville est devenue capitale des insurgés. Franchir, là, le ruban final, pétrit donc le romancier d'une sensation de devoir accompli, celui d'avoir honoré les héros réels de ses aventures imaginaires. »

*

Je me rends compte, en doublant le panneau « Km 15 », que Richmond a été le quinzième marathon couru par Maverick.

Décidément, les chiffres me poursuivent.

Km 16

Le virage à droite au bout de la route du Pesage, pour s'engager dans l'avenue de Gravelle, marque le retour vers le centre de Paris. Certes, il reste plus de trois kilomètres forestiers, mais peu à peu l'urbanisation va reprendre ses droits à main gauche. D'abord par le flanc arrière de l'hôpital Esquirol, dont on n'aperçoit pas grand-chose à travers les arbres, sinon les toits d'un bâtiment au loin à travers une grille condamnée. Les marathoniens, que l'on prend parfois pour des fous, ignorent en défilant devant cette grille que l'un des plus grands établissements psychiatriques se trouve de l'autre côté. Dès 1641 la Maison royale de Charenton y accueillait des indigents, à la fin du siècle suivant le marquis de Sade séjourna dans cet asile d'aliénés où il mourut en 1814, avant que la première chaire de la faculté de médecine de Paris consacrée à la démence y vît le jour quelques années plus tard.

Apparaissent ensuite les belles demeures de Saint-Maurice et de Charenton. Ici, c'est la ville à la campagne. À deux pas, le périphérique marquera l'entrée définitive dans la ville (mais pas dans Paris, que l'on n'a jamais quitté puisque la commune inclut le bois de Vincennes).

Je le connais bien, ce domaine de verdure devenu un de mes terrains de jeu pour la course à pied. Je le rejoins depuis Bastille, par la coulée verte qui traverse tout le XIIe arrondissement. Ses allées n'ont plus guère de secret pour mes sorties longues. Il m'est souvent arrivé d'aller rôder jusque vers l'Insep – que nous avons longé il y a un quart d'heure –, cette machine à fabriquer les champions (dont Louis Ichard, Alain Mimoun, et tant d'autres marathoniens). Elle aussi remonte à loin, depuis l'École normale militaire de gymnastique de Joinville vers 1850, puis l'institut voulu par de Gaulle après la guerre, jusqu'à l'actuel centre rénové qui allie sport, science, éducation, et… nutrition !

Oui, ne surtout pas négliger l'alimentation pour un athlète visant les podiums, comme pour un compétiteur occasionnel. Les revues abondent de conseils avisés et de menus préétablis pour cela. Je ne suis pas sûr qu'on s'y retrouve vraiment. En réalité, il s'agit d'apporter au corps le carburant nécessaire à une telle épreuve. J'y pense car j'ai en ligne de mire le point de ravitaillement, à trois cents mètres du seizième kilomètre. Cette fois-ci, en l'absence de Manon, je prendrai moi-même une bouteille d'eau et, bien sûr, je m'arrêterai quelques instants avaler un sucre ou deux et des raisins secs. Je ne compte pas trop manger durant le parcours, sauf en cas de fringale absolue, car digérer en mouvement n'est pas la panacée.

Emy a aussi travaillé sur la nourriture. Ce n'était pas primordial pour un sportif de mon niveau, mais quelques règles de bases à respecter. Un régime équilibré dès six semaines avant l'échéance. Trois repas quotidiens sans en sauter un seul. Éviter les boissons alcoolisées et les sodas. Et, durant les derniers jours, ne pas lésiner sur les pâtes, le riz, la semoule, ou le quinoa. Sans oublier les fibres qui favorisent l'élimination naturelle, car il est très inconfortable de se sentir encombré durant l'effort.

Sans forfanterie, tout cela ne fut pas très compliqué pour moi, qui mange sainement depuis mon opération.

En coach avisé, Emy n'a pas jugé utile de pousser jusqu'au régime dissocié scandinave. Maverick, lui, l'a testé en Suède…

*

« L'année de sa création en 1979, le marathon de Stockholm fut le plus important en Europe avec deux mille participants. Un an plus tard, ils étaient plus du double, *Mamma Mia* ! dont la vedette du groupe Abba, Björn Ulveus. Encore un an plus tard, la star fut un ancien boxeur champion du monde poids lourds à la fin des années cinquante, Ingemar Johansson. Il a achevé le défi malgré son poids, près de 115 kg. Une belle masse. Souvenirs, souvenirs…

» Le circuit est, sinon l'un des plus beaux, au moins l'un des plus apaisants au monde. Partout de l'eau autour de ce chapelet de vingt-quatre mille îles, dont quatorze forment le centre historique. Du coup, un parcours parfaitement plat du début à la fin, à l'exception du pont Västerbron, le point le plus haut, à passer à chacune des deux boucles. Une température idéale autour de 20 degrés. Un final époustouflant dans le stade olympique des Jeux de 1912 (cette année-là à Stockholm, le Portugais Francisco Lázaro s'effondrait au trentième kilomètre du marathon ; son corps, enduit de graisse pour se protéger du soleil, ne pouvait plus respirer ; il est mort le lendemain, devenant la première victime dans l'histoire des Jeux).

» Et puis ici, comment ne pas tenter le fameux régime inventé par des chercheurs suédois dans les années soixante. Le glycogène, principale source d'énergie pour le sport d'endurance, est stocké dans les muscles, mais se réduit comme peau de chagrin avec l'effort. C'est souvent entre les trentième et trente-troisième kilomètres de course que la carence se fait sentir, et qu'il faut aller puiser des réserves de secours dans les acides gras. Le foie, les poumons et le cœur sont alors mis à contribution. Ce qui affaiblit l'organisme et peut expliquer le fameux "mur" dont on entend beaucoup parler.

» L'idée du régime dissocié est donc d'appauvrir les cellules en glucose quelques jours avant l'épreuve, par des entraînements soutenus et des menus "maigres" à base de légumes, pour les rendre avides de sucres lents. Elles en sont en quelque sorte affamées, et lorsqu'on leur en propose abondamment, les trois derniers jours, elles en absorbent davantage que si on ne les en avait pas privées en début de semaine. On crée un léger “surstockage” !

» Pour être très franc, l’essai ne fut pas convaincant. Si la course en elle-même s’est avérée agréable et peu contraignante, le chrono personnel n’a pas du tout explosé au finish ! »

*

J’ai lu, au-delà de l’appréciation de Maverick, beaucoup de critiques sur ce régime un peu spécial : trop de stress sur l’organisme ; fatigue inconsidérée dans la dernière semaine ; peu d’efficacité à attendre les deux derniers jours pour cumuler les sucres lents qu’il vaudrait mieux engloutir, en réalité, dans les six heures suivant le dernier effort intense ; formation de corps cétoniques dus au jeûne, accroissement du taux de cholestérol, etc.

Bref, Emy, Alain, et toute l’équipe de nutritionnistes de l’hôpital ont préféré éviter cette expérience incertaine. Je leur ai, là-dessus, accordé toute ma confiance.

Km 17

À propos de Stockholm, Maverick a oublié une anecdote savoureuse. Accablé par la canicule qui écrasa les Jeux de 1912, le Japonais Shizo Kanakuri s'est affaissé aux environs du trentième kilomètre. Peut-être le fameux « mur » ? Ou de façon plus probable le périple de dix jours en bateau et Transsibérien pour arriver jusque-là ! Des riverains lui proposèrent à boire, et l'invitèrent à entrer se reposer un instant chez eux. Mais le sofa de ces braves gens était si confortable que l'athlète s'y endormit jusqu'au lendemain. Déshonoré, il rentra discrètement au Japon, sans prévenir personne, devenant le « disparu » des JO d'été. Un demi-siècle plus tard, sa honte bue, l'infortuné revint en Suède, à l'invitation d'un grand quotidien qui avait retrouvé sa trace, pour achever son marathon. À soixante-seize ans, il trottina jusqu'au stade olympique pour établir un record qui ne sera jamais battu sur la distance : 54 ans, 8 mois, 6 jours, 32 minutes, 20 secondes et 3 dixièmes !

On a beau mettre tous les atouts de son côté, préparer et planifier le moindre détail, envisager toutes les options possibles, manigancer des plans B en cas de crampe, de fringale, ou de retard sur l'objectif, il reste un élément hors de portée : la météo. Ce pauvre Japonais a flanché en raison d'un épisode torride, inattendu en pays scandinave, qui a surpris coureurs et organisateurs.

Soleil, pluie, vent, froid. Les conditions extérieures s'imposent toujours. Obligation de s'y adapter, comme avait dû le faire à Saragosse le quadra que j'ai croisé ce matin en m'échauffant.

Pour l'heure, sur Paris, la chaleur monte doucement. C'est un très beau dimanche d'avril. Je transpire de manière mesurée, le bandeau qui ceint mon front évite à la sueur de couler dans mes yeux. Oubliée la chair de poule du petit matin, due à ce que les spécialistes appellent le rayonnement, cette absence de nuages qui permet à la tiédeur accumulée la veille par le sol de « rayonner », autrement dit de s'évacuer. Par ciel clair – ce qui était le cas cette nuit –, il fait donc plus frais (ou froid en hiver) que par ciel couvert, tous les paysans le savent. Aujourd'hui, le soleil qui accepte de nous accompagner dans notre aventure a fait vite grimper la température dès la première heure de course.

Rien à voir cela dit avec Stockholm 1912 ! Ni même avec Tel Aviv 2013. En effet, en raison d'une canicule exceptionnelle pour une mi-mars, l'épreuve fut d'abord repoussée d'une semaine, puis finalement annulée. Car un mort endeuilla le semi-marathon, maintenu malgré tout. Ce garçon de vingt-neuf ans s'était écroulé à cent mètres de l'arrivée, son corps n'avait résisté ni à la chaleur, ni à l'épuisement, ni à la déshydratation. Plusieurs autres coureurs furent hospitalisés. Il faisait plus de 30 degrés en tout début de matinée, au départ, alors que la valeur maximale à cette époque tourne en moyenne autour de 19 degrés, en pleine journée !

Tel Aviv, une course très ancienne que Maverick a disputée dans l'une de ses toutes premières éditions, à la fin des années quatre-vingt…

*

« Courir en Israël en pleine Intifada palestinienne peut sembler risqué. Mais Tel Aviv est loin de la Cisjordanie, et il faut au contraire promouvoir l'événement marathon comme un acte de paix entre deux peuples qui se déchirent depuis si longtemps. Enfin, "événement" est un grand mot. Dans la presse, les commerçants se plaignent de la fermeture des rues pour l'occasion, un manque à gagner "scandaleux" à leurs yeux. Les récentes élections municipales les ont déjà contraints à baisser leurs rideaux, autant dire que nous ne sommes pas les bienvenus en ville.

» Deux cent cinquante au départ, c'est pourtant peu pour créer des embouteillages monstres et bloquer les artères du centre ! (Quelques milliers d'athlètes prennent, c'est vrai, le départ du semi.) Le temps est sec, idéal, à température raisonnable. Cela permet au vainqueur – un jeune banquier brésilien – de finir en 2 h 13, record d'une épreuve d'ordinaire peu rapide, d'où les doutes émis par la suite sur ce résultat.

» Mais peu importent les chronos, Coubertin l'a assez répété, l'important est de participer. Étrange du reste, cette réputation de lenteur pour Tel Aviv, car il y a peu de difficultés pour un parcours urbain classique. Bon, il longe la mer sur de longs kilomètres. Dès lors, est-ce le vent marin qui ralentit le train ? Possible.

» Dans cette cité qui est surtout un lieu de distraction pour la jeunesse, aligne quelques beaux hôtels près de la plage, et représente aussi le pôle financier et économique du pays, le seul regret tient en l'absence de monuments dignes de ce nom, excepté les remparts de Jaffa. À quand un marathon à Jérusalem ? »

*

L'année même où Benedict publiait ces lignes, la ville sainte répondait à son appel et lançait sa course qui, pour l'instant, évite la Palestine. La paix est encore loin, quarante-deux kilomètres n'y suffiront pas… Ainsi, le marathon de la bande de Gaza a été annulé après deux éditions, le Hamas ayant refusé le mélange entre les hommes et les femmes, et celui de Bethléem – qui lui a succédé – a été privé de la présence du seul athlète olympique palestinien. Israël a interdit à Nader al-Masri de se rendre depuis Gaza (où il habite) jusqu'au parvis de l'église de la Nativité (pour le départ de l'épreuve).

« Auriez-vous un peu d'eau dans votre bouteille ? »

Deux lèvres charnues se sont écartées sur un alignement parfait de dents blanches pour me poser la question. Juste au-dessus, un nez pointu est encadré de pommettes rougissantes, ce qui traduit un début de fatigue chez la jeune fille qui s'adresse ainsi à moi. Son collant et son flottant bleu lui donnent l'air d'une libellule. Elle a repéré la bouteille, pas tout à fait vide, que j'ai gardée en main. Je la lui tends sans hésiter.

« Bien sûr, tenez. C'est dur ?

— Oui, je suis partie un peu fort, je commence à fatiguer.

— Ralentissez…

— Je voudrais bien maintenir mes six minutes au kilomètre, sinon je n'atteindrai jamais mon objectif.

— Oui, mais si vous devez vous épuiser afin de garder cette allure, vous risquez de ne pas arriver du tout !

— Vous avez sans doute raison. » Elle ajoute en rigolant : « Je vais quand même essayer de résister encore un peu.

— Je ne suis pas sûr que ce soit la bonne méthode, mais je vous laisse juge.

— Ah ! Voilà les éponges. Merci pour l'eau. »

Ma libellule s'envole vers la droite où, en effet, les bassines d'éponges sont à portée de vue.

Le panneau « Km 17 » aussi.

Km 18

Tellement surpris de voir la fille jaillir à mes côtés, j'ai oublié de lui dire que mon eau était sucrée. Manon me donnera une nouvelle bouteille dans peu de temps, jusque-là je pourrai tenir facilement. Je ne ressens pas la nécessité de m'éponger. Car si sur l'instant la fraîcheur à la nuque est bienfaitrice, le maillot en sort trempé, parfois le short aussi. Pas très envie, pour les prochains kilomètres, de rester imprégné d'une humidité un peu froide et collante.

Ma libellule bleue, elle, s'est arrêtée devant les bassines d'éponges. J'aurais bien poursuivi un brin la conversation. En effet, l'effort partagé semble plus doux, les sensations comparées insufflent une énergie renouvelée, les encouragements respectifs soutiennent un moral parfois en berne. Mais ce serait un faux dialogue parce qu'en réalité la chair ne se laisserait pas distraire. Mon action tout entière est dirigée, concentrée vers mon corps. Respiration, mouvement des bras, roulement des épaules et déroulé des foulées, ajustement du pied sur le sol, souplesse des muscles. Aucune place pour un bavardage de courtoisie !

Surtout, pour dialoguer, nous devrions courir à l'amble. Or trouver un partenaire de même allure, à la seconde près, est rare. Rien à voir avec un dimanche matin entre amis qui veulent rester groupés, quitte à ce que l'un avance un peu trop vite à son goût ou qu'un autre ait la sensation de ne pas forcer du tout. Tout le monde n'a pas non plus la chance de Norman Mailer. L'écrivain américain raconte, dans *The Time of Our Time*, comment Mohammed Ali a adopté une cadence lente afin de lui permettre de partager son footing. Non, ici, pour mener la course en duo, la progression doit être rigoureusement parallèle, le tempo à l'unisson parfait, le pas à l'exact identique. Voilà pourquoi je persiste à penser que la discipline est solitaire, même dans une telle… comment dire… masse… foule ?

Si l'on suit le théoricien russe Serge Tchakhotine, la masse est constituée d'individus réunis par des intérêts communs sans avoir de proximité physique, alors que la foule forme un individu unique qui finit par exister lui-même. Ce que confirme Guillaume le Blanc à propos du marathon : « Une eurythmie qui, du premier coureur qui arrivera en un peu plus de 2 heures, jusqu'au dernier qui franchira la ligne en 6 heures, ne sera qu'un long corps unique, tendu sans jamais exploser, distendu sans jamais rompre. » Mais le philosophe va plus loin, il évoque l'idée de meute : « Parvenir à disloquer les contours de son moi pour rejoindre la meute, appartenir à ce nœud intensif est la grande affaire du coureur de fond. » C'est un peu l'idée de Gilles Deleuze et Félix Guattari pour qui, dans la meute, « chacun mène sa propre affaire en même temps qu'il participe à la bande ».

C'est précisément cela. Je cours à mon rythme. J'ai ma raison personnelle d'être ici. Je souffre avec mes propres articulations. Mais je m'inscris dans un moment collectif intense, une aventure humaine partagée, une communion physique et spirituelle. Je suis un corps, allié à d'autres corps, et nous donnons chair à un marathon transformé en organisme vivant s'ébrouant dans les rues de la ville.

Nous sommes près de cinquante mille à espérer franchir la ligne. C'est énorme !

Cependant, Maverick a connu plus gigantesque…

*

« San Francisco est une ville de coureurs, malgré ses brouillards, son vent et ses collines qui exigent de la ressource. Depuis 1912, chaque troisième dimanche de mai, s'y dispute la Bay to Breakers. Douze kilomètres entre l'embarcadère, sur la célèbre baie, et la côte pacifique où les déferlantes[1] viennent s'écraser. L'épreuve est née pour redonner foi en l'avenir à une population abattue par le séisme de 1906 et les incendies terribles qui lui firent suite. Elle appartient au patrimoine américain. Y prendre part est un honneur, mais aussi une expérience forte, puisque la course est inscrite au livre *Guinness* pour son record de participants : cent dix mille !

1. *Breakers* en anglais, d'où le nom de la course.

» Le marathon est un autre temps fort à San Francisco. Partant également de l'embarcadère, il longe les quais puis emprunte le Crissy Field, endroit magique et préféré des joggers locaux, qui offre une perspective inoubliable sur la silhouette du Golden Gate. L'aller-retour sur le pont est un peu "casse-pattes", mais quel privilège de pouvoir s'enfiler sous les mythiques piliers rouges, dont le faîte disparaît dans la brume. Vient ensuite la traversée de la partie haute de la ville par la 27e Avenue, par bonheur une des moins pentues (jolie côte quand même, encadrée de splendides maisons), pour rallier le Golden Gate Park, son jardin japonais, sa serre monumentale, ses musées…

» … et surtout, l'émotion de fouler les pelouses où des écrivains, chanteurs et autres artistes se sont rassemblés par un bel après-midi de janvier 1967 pour simplement être ensemble. Dans une Amérique trouble, le Human Be-In a marqué le début de la contre-culture hippie et fut le prélude au Summer of Love. Le parcours s'imprègne d'ailleurs de l'esprit de liberté de San Francisco puisqu'il traverse le quartier de Haight-Ashbury où se déroula ce fameux "Été de l'Amour", puis le Castro tout proche où les gays ont en premier revendiqué leurs droits, et enfin le plus ancien district de la ville, Mission, tout latino avec ses incroyables fresques murales. »

*

Le livre de Benedict est passionnant. Chacun de ses récits plonge dans des lieux hors du commun, qu'on croit connaître dans la banalité de leur quotidien. Il nous entraîne à travers un voyage historique, culturel, social, et amoureux. Oui, Maverick est tombé en amour de ses quarante-deux marathons. Un amour charnel. Son corps s'est fondu dans les rues de cités dont l'âme apparaît sous sa plume. Du cœur, de l'émotion, de la vie, entre les lignes. Combien de fois ai-je lu et relu son récit ?

Songeant à cela et courant ici, à Paris, un sentiment indéfinissable s'empare de moi. Celui, d'une certaine façon, de posséder la ville. Courir dans la nudité des rues privées de véhicules, entre des bâtiments que l'on peut embrasser d'un regard particulier, sentir le poids de l'histoire peser sur chacune de mes foulées.

L'échappée de Vincennes a permis de vagabonder hors du territoire urbanisé, mais les murs reprendront leur droit dans un kilomètre, quand nous aurons à nouveau franchi le périphérique. Pour l'instant, devant moi, la flamme du « Km 18 » faseye à peine sous la brise matinale.

Je profite des derniers hectomètres boisés, royaume des promeneurs, des jeunes couples, et des chiens en laisse. Tiens, à propos de chiens, voici des musiciens déguisés en dalmatiens, les Dalmaphones, qui nous encouragent au passage de la route du Bac ! Original.

Km 19

Elle est là. Au loin, son visage lumineux se détache de tous les autres, sur le bord de la route. Je ne vois qu'elle. La blondeur de ses cheveux. La petite jupe corail que nous avons achetée ensemble dans son magasin préféré aux derniers soldes. Son sourire éclatant dès qu'elle m'aperçoit. Ses bras fins et souples qui s'agitent en signe de joie. Elle est mon rayon de soleil permanent. Aujourd'hui plus que jamais. À sa seule vue, je me sens gonflé à bloc, prêt à courir mille kilomètres sans m'arrêter !

Manon a sacrifié sa carrière pour passer des après-midi entiers à mes côtés, à l'hôpital, puis en maison de repos. Une année perdue pour elle (sa boîte de pub a finalement été conciliante en la reprenant, même si le poste est moins avantageux et le job plus administratif), mais une année gagnée pour nous, pour notre amour, qui n'a jamais été aussi solide que depuis mon opération.

Notre histoire n'est pas banale. D'abord, sa force liée à ce qui m'est arrivé avec son lot de souffrances et de sacrifices. Ensuite, les circonstances de notre rencontre, par un ami qui nous a rapprochés. De façon assez singulière, Max m'a un jour lancé : « Phil, je connais la femme de ta vie ! » Pareillement, il assurait à Manon pouvoir la conduire vers « l'homme de sa vie ». Après un coup de fil insolite où il nous mit en relation – un bonjour timoré et incertain –, nous avons déjeuné tous les trois. L'incongruité du rendez-vous vite dissipée, nous avons eu un coup de foudre réciproque. Un vrai roman à l'eau de rose ! C'était il y a plus de vingt ans. Depuis, Manon et moi ne nous sommes jamais quittés. Max doit être un génie des relations humaines.

Lorsque j'ai entamé mon chemin de rédemption et commencé à trottiner, sur les conseils d'Oliver et de son association, Manon m'a accompagné. Chaussant pour la première fois des baskets, elle a forcé sa nature pour se dépenser de la sorte. Au début, ses pieds plats de danseuse lui donnaient l'air d'un automate dégingandé. « Chéri, maintenir une foulée n'a rien à voir avec tenir une barre. La danse sollicite les muscles en profondeur, la course requiert surtout des mollets en béton. Je préfère nettement mes entrechats. » Nous avons gentiment évolué sur des petites distances, et elle a pris peu à peu goût à l'exercice. À tel point que nous avons même bouclé ensemble les six bornes de La Parisienne. Néanmoins, effrayée par la distance du marathon, elle ne se sentait pas de s'y frotter pour le tenter à mes côtés. Elle craignait aussi pour sa poitrine. Il est vrai que les seins des marathoniennes, soumis à rude épreuve, réclament des soutiens-gorges adaptés, voire des sparadraps sur les mamelons.

Ah ! Les femmes et le marathon, une histoire longue et récente à la fois, sur laquelle Maverick s'est penché…

*

« Face à une course de légende, la seule réponse de l'homme fut sa bêtise à vouloir y imposer sa suprématie. Déjà, dans la Grèce antique, les Jeux panhelléniques étaient interdits aux femmes sous peine de mort, si bien qu'elles inventèrent leur propre compétition, les Héraia (cent soixante mètres en ligne droite).

» En 1762, Jean-Jacques Rousseau ne se montrait guère fair-play : "Les femmes ne sont pas faites pour courir. […] La course n'est pas la seule chose qu'elles fassent maladroitement, mais c'est la seule qu'elles fassent de mauvaise grâce : leurs coudes en arrière et collés contre leur corps leur donnent une attitude risible."

» Durant l'ère moderne, ce ne fut guère mieux, pour d'obscures raisons médicales. Mais aussi parce que selon Coubertin : "Le seul véritable héros olympique est l'adulte mâle individuel. Par conséquent, ni femmes, ni sports d'équipes[1]." On retrouve même dans les comptes rendus de certains Jeux cette réplique outrancière : "Une olympiade femelle serait impratique, inintéressante, inesthétique et incorrecte."

1. Extrait du *Journal*, Paris, 17 août 1936, propos rapportés par Yves-Pierre Boulongne.

» Pourtant, la Grecque Stamáta Revíthi semble avoir été la première à conclure la distance aux Jeux d'Athènes en 1896 (refusée au sein du peloton, elle accomplit le trajet un jour après les hommes), suivie de Violet Piercy en 1926 dans le Polytechnic Marathon entre Windsor et Londres (un temps de 3 h 40 fut bien enregistré dans les tablettes, mais resta officieux en l'absence de compétition féminine).

» Dans le milieu des années soixante, la question tourna au débat international quand des jeunes filles participèrent à différentes épreuves. À Boston notamment – où l'intérêt des femmes avait été défendu dès la fin du XIXe siècle par l'écrivain Henry James dans son roman *Les Bostoniennes* –, Roberta Gibb prit le départ en 1966, cachée derrière un bosquet. L'année suivante, Kathrine Switzer, déguisée en homme et menacée d'éviction par un organisateur, fut protégée par ses camarades masculins. La photographie du dossard 261 bousculé, publiée dans le monde entier, fit avancer à grands pas la cause des marathoniennes.

» Toutefois, ces dernières n'entrèrent dans l'arène olympique qu'en 1984 à Los Angeles, avec une autre image, terrible celle-là : la Suissesse Gabriela Andersen-Schiess titubant de longues minutes en raison d'un coup de chaleur. En France, Chantal Langlacé a participé à plusieurs courses incognito, elle aussi, avant de décrocher le record du monde féminin du marathon en 1974 à Neuf-Brisach.

» Aujourd'hui, par un retour de ce balancier historique, plusieurs marathons sont exclusivement réservés aux femmes, notamment à Nagoya ou Osaka, au Japon. Pas sûr que ce soit la meilleure des idées. Comme il est impossible à un homme d'y prendre part, reste celui de Waldniel, non loin de Cologne. Le parcours n'a rien d'exceptionnel, dans la campagne allemande, mais il présente l'intérêt d'avoir été le tout premier, dès 1967, à accueillir des concurrentes, avant ceux de Boston en 1972 (enfin !), ou d'Atlanta en 1978, ouvrant ainsi définitivement aux femmes les courses sur route. »

*

À Waldniel, Maverick s'est ennuyé ferme, il ne s'en cache pas. Mais il tenait, par sa présence dans ce village proche de la frontière hollandaise, à rendre hommage aux athlètes du sexe faible. Étonnant pour un homme qui, à aucun moment dans son ouvrage, ne fait référence à une compagne. Comme s'il courait dans le monde entier en vieux loup solitaire.

Ma louve à moi trépigne d'impatience à mon approche. J'embrasse Manon en me précipitant sur elle, avant même de reprendre mon souffle, et je m'empare de la bouteille qu'elle a préparée à mon intention.

« J'ai eu peur d'être contraint à l'abandon au milieu du bois de Vincennes… Un point de côté…

— Tu as l'air pourtant bien. As-tu récupéré ?

— Oui, c'est passé. Mais je suis inquiet.

— Chéri, pas question de te laisser démoraliser par une piqûre de moustique ! Oublie, et concentre-toi sur la suite. On va y arriver ! Tu en es à la moitié… »

J'aime l'énergie de Manon, à déplacer des montagnes. Emy s'y engouffre :

« C'est vrai, ce n'est rien. Je viens de téléphoner à Alain, tes pulsations sont parfaites, ton flux sanguin aussi. Rien à signaler. Tu as cinq ou six minutes de retard sur les dix kilomètres à l'heure. Peu importe. Prends bien le temps de t'arrêter aux ravitaillements et de boire. Surtout boire. Si un autre point de côté apparaît, tu marches deux ou trois minutes. OK ? »

Tout en me désaltérant, j'encaisse les conseils, les encouragements, et l'enthousiasme qui me sont prodigués. Un coup d'œil à la montre me confirme les six minutes de retard : je viens de franchir le cap des 2 heures, au kilomètre dix-neuf.

Manon a raison, presque la moitié.

Km 20

Soutenir un participant tout au long de l'un des plus grands marathons de la planète réclame une certaine logistique. Pour des épreuves locales, quelques zigzags à bicyclette à travers les rues adjacentes suffisent. Mais avec cinquante mille coureurs dans une métropole, la circulation interdite dans un large périmètre autour du parcours, le métro bondé, et une foule agglutinée sur chaque rive du fleuve d'athlètes, c'est une autre affaire !

De la porte Dorée, Rafaël est revenu vers Bastille par la ligne 8 du métro et, d'un coup de galop, il va rejoindre les quais au bout du port de l'Arsenal, où il se positionnera au vingt-troisième kilomètre. Ensuite, franchissant la Seine, il attrapera le RER à Austerlitz pour filer vers la Maison de la Radio, une grosse demi-heure pour lui, au moins trois quarts d'heure pour moi, je ne devrais pas le rater au kilomètre trente et un. Pendant ce temps, Manon et Emy que je viens de quitter à l'entrée de Paris vont marcher jusqu'à la station Cour Saint-Émilion sur la ligne 14 et, après un changement à Madeleine, elles redescendront vers la

Concorde pour m'attendre au vingt-septième. Une grosse demi-heure là encore pour elles contre au moins trois quarts d'heure pour moi, la jonction devrait fonctionner. Même opération entre Concorde et porte d'Auteuil en passant par La Motte-Picquet-Grenelle (on se croirait chez Gainsbourg). Ainsi, aurai-je un soutien tous les quatre kilomètres.

Je double le panneau « Km 20 », et j'en profite, deux cents mètres plus loin, pour m'arrêter déguster des raisins secs, au nouveau point de ravitaillement.

Comment Maverick a-t-il pu accumuler les *miles*, et les épreuves, sans personne à ses côtés ? Peut-on traverser des événements aussi puissants en émotions hors de toute relation humaine ? Quelle force de caractère faut-il pour courir autant de kilomètres uniquement face à soi-même ? Par nature, l'écrivain est un solitaire. Tout de même, il évolue dans un monde fait de chair, d'hommes et de femmes qui respirent et, dans ce genre de situation, suent sang et eau, s'interpellent les uns les autres, souffrent, jubilent, bref qui vivent !

Benedict est-il plus seul que jamais depuis qu'il ne peut plus courir ? À nouveau enfermé dans son inspiration ? La sortie du livre sur sa vie de marathonien lui a-t-elle permis d'exorciser son malheur ? Depuis que j'ai fait sa connaissance par hasard chez le bouquiniste il y a deux ans, j'ai lu toute son œuvre. Or, après Miami, il n'a publié aucun nouveau roman. Le drame a-t-il non seulement brisé ses jambes, mais aussi ses ailes encrées d'inventeur d'histoires ? Voilà beaucoup de questions auxquelles il m'est impossible d'apporter la moindre réponse.

Maverick lui-même effleure à peine son état, dans les dernières pages de *Mes quarante-deux marathons*. Il y raconte comment les tensions discales sont apparues sur la Grande Muraille de Chine en 2007, son trente-septième challenge, puis se sont accrues au fil des dernières années. Il avoue surtout avoir voulu continuer pour atteindre les quarante-deux courses, en dépit de la douleur. En effet, ayant déjà l'idée du livre en tête, il lui fallait absolument terminer autant de marathons que de kilomètres. Pour y parvenir, il avait fait sienne la devise d'un amateur américain treize fois *finisher*, Nicholas Thurlow, interrogé par l'*International Herald Tribune* : « *Pain is inevitable. Suffering is optionnal*[1]. »

Mais à quel prix ! Son mal de dos apparaît toutefois dans certains autres chapitres. Parfois de manière très présente comme à Hong Kong. Parfois en filigrane comme à Parakou…

*

« Peu nombreuses sont les courses africaines. Aussi la naissance d'un marathon au cœur du continent noir doit-elle être saluée avec enthousiasme. Y prendre part devient un acte citoyen. Parakou, deuxième ville du Bénin, compte plus de deux cents bars pour un seul

1. « La douleur est inévitable. Souffrir est un choix. » (Article publié le 3 novembre 2006).

stade. L'alimentation traditionnelle, très protéinée, arrondit généreusement les formes. Autant dire que là-bas, le sport n'est pas la récréation favorite des habitants.

» Mais c'était sans compter sur un homme, le père Guillaume, de la fondation des Oblats de Saint François de Sales. Prélat et coureur averti – près de cent marathons à son actif –, il a remué ciel et terre pour organiser le sien, sur ses pistes rouges, afin de mieux “communiquer avec les hommes et les femmes de notre temps” comme il le dit lui-même, en mettant en œuvre pour la première édition une très belle pensée de saint François : “Ayez la patience de marcher jusqu'à ce que vous ayez des ailes pour voler.”

» De la patience, il en faut, à Parakou. Certes le parcours est idéal, un relief légèrement élevé et très peu accidenté. Mais le nombre de participants est maigre, moins d'un millier. Et le paysage un brin monotone. Les sources de distraction manquent donc pour faire oublier que le marathon est une épreuve pour le corps.

» Chaque foulée au sol multiplie son propre poids par trois, ce qui implique une réaction forte des articulations et des vertèbres (il ne faut pas s'étonner si, par la suite, les genoux craquent en montant les escaliers ou si les lombaires tiraillent, le matin, au lever). Des microlésions dans l'appareil digestif, liées à un manque d'apport sanguin (le flux va prioritairement vers les muscles) et à la déshydratation, provoquent des troubles, soit sous forme de reflux et nausées vers le haut, soit sous forme de maux de ventre et diarrhée vers le bas. La protection des dents est amoindrie pendant l'effort, ce qui, ajouté à la forte production de salive, augmente la formation de tartre. Enfin, le cœur pourrait subir quelques dommages au ventricule droit, mais il paraît qu'il est capable de les réparer lui-même ! Miracles de l'organisme. »

*

J'ai beaucoup lu sur la santé et la course à pied, avant de me lancer dans cette aventure. Maverick a raison. L'effort d'endurance peut être vécu comme une agression pour l'organisme. Mais il a tort. Les bienfaits sont supérieurs aux ennuis si la pratique est mesurée, encadrée, intelligente.

Quant au cœur, en tout cas en ce qui me concerne, il apprécie cinquante minutes, au moins, d'activité quotidienne, et quelques sorties longues dans les allées du bois de Vincennes.

Km 21

Une étrange euphorie règne parmi les coureurs. J'entends à nouveau de brefs dialogues, quelques éclats de rire. Des encouragements fusent. Les visages s'éclairent. La rue de Charenton, en descente douce, a déjà mis du baume au cœur de tout le monde. Sensation de prendre un peu d'allant. Légèreté du corps. Souplesse des jambes et respiration plus longue. Mais ce n'est pas la seule raison. Je sens sourdre autre chose. Une excitation générale. Elle devient encore plus sensible quand, après avoir dépassé la belle mairie du XIIe arrondissement, on tourne à gauche, sous l'hommage des platanes bordant le jardin de Reuilly. Ils font du bien ces arbres qui continuent vers l'avenue Daumesnil. Un peu d'ombre. La chaleur monte. Elle ajoute à l'effervescence collective, que partagent aussi les spectateurs. Leurs cris nous portent. La rue est bondée. Un groupe de musique antillaise emporte cette folie joyeuse dans un tempo chaloupé.

Entre les têtes, émerge le panneau « Km 21 ». Moins de cent mètres après, une arche verte gonflée à l'hélium encadre la chaussée. Elle est la cause de l'émoi qui nous agite tous. Le passage du semi-marathon ! Dans un concert de bips sonores – les puces attachées à nos lacets enregistrent le temps exact de chacun d'entre nous –, je franchis à mon tour la ligne. Émotion d'en être arrivé là, crainte et enthousiasme pour la suite. Oui, le sentiment est partagé.

La moitié derrière moi. Autant devant. Voilà. J'aurai accompli cette première partie avec une certaine sérénité. Je m'en étonne. C'est un beau moment à vivre, une joie immanente s'en dégage, j'ai la satisfaction d'être encore assez frais. Mais je ne m'en étonne pas parce que j'ai avalé cette distance à plusieurs reprises durant les longs mois de préparation, je savais en être capable. Restent 21,0975 kilomètres. Les interrogations persistent. Irai-je au bout ?

Courir de manière régulière en endurance agrandit les artères. De manière très faible, mais suffisante pour atténuer les risques cardio-vasculaires. Dans ma situation, c'est tout bénéfice pour faciliter le flux sanguin, et donc le travail de la pompe cardiaque. Mais attention, tout cela se vérifie dans une pratique tempérée du jogging : quelques kilomètres, à vitesse relative, trois fois par semaine.

Pour quarante-deux bornes d'affilée, dans une ambiance malgré tout de compétition, avec un peu de stress et d'angoisse à la clef, le pari est tout autre. Emil Zátopek a été clair là-dessus : « Si tu veux courir, cours un kilomètre. Si tu veux changer ta vie, cours un marathon. » De fait, je suis ici pour changer ma vie. Parce que ma vie a déjà changé.

Dix ans plus tôt, j'aurais ri au nez de qui m'aurait pronostiqué cette folle journée. Asthmatique, rebelle au sport, casanier et un peu ours dans ma tête, pour moi le marathon de Paris n'existait même pas ! Sinon comme un dimanche à fuir une capitale envahie et dissipée pour se réfugier dans une campagne tranquille à l'air vivifiant.

Sauf que l'asthme de ma jeunesse était un leurre…

*

« Ah Paris ! *City of Lights*… Les Anglo-Saxons sont très friands de cette expression “Ville Lumière”. Par jalousie ? Il semble que les Anglais en soient à l'origine, à l'époque où un certain Philippe Lebon inventait l'éclairage au gaz et l'installait autour des commerces dans la capitale française, ce qui fascinait le reste de l'Europe. À moins qu'il s'agisse de l'initiative de ce préfet qui, pour lutter contre l'insécurité au XVIIIe siècle, demandait à chaque habitant de poser une lampe à huile le soir à sa fenêtre afin d'éclairer les rues ? Peu importe. On est aujourd'hui passé au sens figuré. À juste titre.

» Car aucune métropole dans le monde ne concentre autant de richesses culturelles et architecturales sur un territoire aussi restreint. Courir le marathon à Paris est un régal pour les yeux et une fête pour le cœur. À chaque carrefour surgit un monument, un palais, une fontaine, une place, une statue, ou un musée. Le style même de l'architecture, ces immeubles en pierre de taille aux sculptures délicates et aux balcons en fer forgé, reste un enchantement permanent, surtout dans la première partie du parcours, de la rue de Rivoli à Vincennes. Le retour, lui, est dominé par l'eau, depuis le petit port de l'Arsenal, lieu charmant et inattendu en plein centre d'une grande ville, jusqu'à la Seine, qu'on longe cependant en pointillé puisqu'il faut parfois emprunter des tunnels routiers avant de remonter à hauteur des quais.

» Mais pouvoir embrasser du regard – entre le départ et l'arrivée – l'Arc de Triomphe, les Invalides, la place de la Concorde, l'Assemblée nationale, les Tuileries, le Louvre, la Bastille, le Château de Vincennes, Notre-Dame, la Conciergerie, le musée d'Orsay, le Trocadéro et, bien sûr, la tour Eiffel, tient de la magie. Non ? »

*

Maverick ne s'y trompe pas. Même pour un Parisien, courir ici demeure une opportunité exceptionnelle. Une découverte de cette fameuse « Ville Lumière » (oui, il n'y a bien que les Américains pour utiliser encore la formule !) sous un jour inédit, unique, et inoubliable. Appréhender chaque quartier traversé comme il est impensable d'y accéder en temps normal dans le bruit et la fureur du quotidien. Ses mots sont justes : « Une fête pour le cœur. »

Les lisant, j'ai été touché plus que tout. Ému au plus profond de mes sentiments intimes et indicibles. Pour une raison toute simple, et tellement complexe à la fois. Les difficultés respiratoires de mon adolescence n'étaient pas liées à l'asthme, mais à une maladie génétique : la cardiomyopathie. Exigeant une transplantation lorsqu'elle s'est déclarée, elle a failli me laisser sur le carreau. Par miracle, un donneur compatible se tuait peu après dans un accident de la route.

Cet inconnu (homme ou femme, je l'ignore) m'a offert à son insu un présent inestimable, son cœur, devenu désormais le mien.

Km 22

« Tu as eu de la veine ! » m'a lancé Max après l'opération.

Comment oser formuler de la sorte un moment de vie aussi fort, délicat, hors de portée de toute inflexion humaine, qu'on pourrait nommer le destin ? Je ne m'y résous pas. D'ailleurs, j'en ai voulu à mon ami. Jouer avec les mots n'est pas toujours de circonstance. Sans doute, oui, ai-je eu de la chance de pouvoir être sauvé. Mais quel réconfort apporter à la famille de la personne qui a crédité ma vie en perdant la sienne ? De ma part aucun. Impossible. J'ignore tout d'elle. Son lieu de résidence, son entourage proche, son âge, les conditions de son décès.

La veine, pour moi, c'est avant tout ce petit conduit qui ramène le sang vers les poumons après qu'il a fourni l'oxygène nécessaire aux organes et aux muscles. Pièce essentielle du puzzle anatomique dans ma résurrection et, à l'évidence, dans l'exercice sportif que je m'inflige aujourd'hui. Le long de mes bras, les veines sont marquées, épaisses, bien visibles. Un bonheur pour les infirmières de l'hôpital, lors de la pose d'un cathéter ou d'une prise de sang. Et Dieu sait qu'il y en a eu durant ces longues semaines. Impeccable, mon petit réseau d'irrigation se dessine sous l'épiderme. Maillage vital, toile foncée tissée, avec en relief au creux du coude ou au sommet du biceps la petite valve qui empêche tout reflux.

Des lignes bleues courent ainsi sur mon corps.

Mon corps court ici sur une ligne bleue.

Au sol, en effet, un trait continu couleur azur marque le tracé exact des quarante-deux kilomètres et cent quatre-vingt-quinze mètres. Prenant les virages à la corde, il permet aux plus rapides, loin là-bas devant, d'économiser quelques dizaines de mètres qui leur seront précieux au final pour une victoire ou un éventuel record. La majorité des amateurs, davantage moutons incontrôlables en troupeau que lions déterminés en chasse, le piétinent sans même le voir. Je sens, moi, sa présence permanente. Chaque battement cardiaque me renvoie aux palpitations de la veine, qui ramène le sang usé, et de l'artère, qui expulse le sang neuf. Veine et artère, ici : sillon bleuté lové au creux de la rue qui l'arbore.

Comme un horizon vertical sans fin auquel se raccrocher à la moindre défaillance, la ligne bleue me rassure. Elle cherche toujours à me fuir, mais je la rattrape sans cesse. Trompeuse avec ses airs d'encéphalogramme plat, elle porte le mouvement. Tant qu'elle est là, c'est que je ne l'ai pas abandonnée, que j'avance en sa compagnie. Elle est aussi un tiret qui s'étire entre mon cœur, et le ciel où se trouve mon inconnu. L'union de deux êtres dans un trait de vie.

Pour d'autres, la ligne bleue est source d'inspiration. Unique « muse » du peintre Vincent Dogna, ainsi qu'il la revendique, elle est le fil conducteur de tous ses tableaux, parmi lesquels, bien sûr, *Blue Line*. L'écrivain genevois Daniel de Roulet l'a plaquée en couverture d'un roman dans lequel son héros Max vom Pokk la suit tout au long du marathon de New York. Sur la toile, le blogueur Dominique Cado l'entretient par des conseils et des aphorismes comme ce « j'aime être fatigué, cela me repose » qui me laisse un peu dubitatif. Un autre site à ce nom-là propose aux entreprises de les « coacher lors du marathon quotidien qu'est l'amélioration de [leurs] performances ».

Dans *Les champions ne meurent pas*, Xavier Dugoin la dépeint d'une autre couleur (ce qui est parfois le cas dans la réalité) : « Mimoun regardait la route, les traces de peinture verte indiquaient le parcours tous les dix mètres. »

Même Maverick l'évoque, dans son souvenir de Barcelone…

*

« En général, le bleu est toujours assez intense, proche du Klein et limite Prusse, en forme d'injonction à la rigueur et au respect des règles et des autres, comme un retour à la martialité du soldat athénien parti rejeter les Perses hors de l'Attique. Les Catalans, eux, préfèrent lui apporter une touche exotique par une douceur et une luminosité proche des mers du Sud. À moins qu'il s'agisse de rappeler ce ton cher à Gaudí, dont l'éclat fait la fierté de la Casa Batlló ou du Park Güell, ici, à Barcelone ?

» Les eaux turquoise du Pacifique sont loin. Pas de quoi, donc, rendre l'épreuve paradisiaque. La distance demeure, les difficultés aussi. En particulier la montée vers Camp Nou ou celle, traître à souhait, du Passeig de Gràcia. Et, lorsque s'invite une crampe du côté de la Sagrada Familia, chef-d'œuvre inachevé de l'architecte flamboyant, il faut s'y accrocher, à cette ligne bleue. D'abord pour passer le semi-marathon, puis les trente kilomètres avant la partie littorale, enfin la remontée vers la place d'Espagne qui marque le final. Tel le lien indéfectible d'une cordée en haute montagne, elle arrime chacun des coureurs, le rend solidaire de tous les autres, lui garantit de trouver le chemin de la délivrance.

» La ligne bleue a été instaurée pour la première fois aux Jeux de Melbourne, en 1956. À Sydney, une portion reste entretenue en permanence, au Centennial Park, en souvenir des JO de 2000. De nombreux marathons dans le monde l'ont adoptée, en continu, en pointillé, parfois même en triple. À Berlin, elle marque à quelques centimètres près les 42,195 km, alors qu'à New York elle frôle les 43 km parce qu'elle reste toujours au centre de la chaussée. À Paris, la même équipe, depuis de nombreuses années, passe deux nuits (le jeudi soir et le vendredi soir) à la tracer, et à Londres elle est effacée par la voiture-balai avant la réouverture des routes au trafic. Sinon, en général, une bonne averse et les pneus des véhicules la font très vite disparaître. »

*

Décidément, Benedict est très bien informé. Un reportage au journal télévisé, hier soir, rendait honneur à ces types qui, depuis des années, sont affectés au traçage de la ligne bleue dans les rues de Paris. De manière un peu artisanale – c'est d'ailleurs assez étonnant –, les services techniques de la ville ont conçu un véhicule où sont fixées les bombes de peinture. Deux à la fois, changées dès qu'elles sont vides, soit toutes les six minutes et demie. Cent soixante au total. Un homme au volant, à l'arrière un autre qui actionne par un système de pédales le mécanisme de pulsion de l'encre, face à lui le troisième qui agite non-stop, à la main s'il vous plaît, les deux bombes suivantes afin que la couleur soit le plus intense possible. À une progression de cinq à l'heure, avec l'escorte de police qui bloque la circulation, les sens interdits empruntés, et les badauds noctambules qui viennent observer cette curiosité, pour sûr, il faut plus d'une nuit !

« Attention ! V'là les flics ! »

D'une voix de stentor, un participant juste à côté de moi me tire de mes rêveries sur la ligne bleue. Sa remarque provoque des rires et des commentaires joyeux.

Nous doublons le panneau « Km 22 ».

Km 23

Ma seconde prise de la Bastille ! Le parcours glisse cette fois-ci par le sud de la célèbre place, devant laquelle trône l'opéra voulu par François Mitterrand. Ce bâtiment, parmi les plus modernes en matière de technique scénique, est dévolu à l'un des arts les plus anciens, le lyrique. Plus étonnant encore, par un étrange retour de bâton de l'histoire, il représente le palais d'un nouveau monarque à l'endroit symbolique de la chute du dernier grand roi de France. Mitterrand successeur de Louis XVI ? Laissons la réponse aux exégètes du président socialiste.

Potentat contemporain, mystérieux et manipulateur, au moins était-il empreint d'une culture de la culture. Grand lecteur, écrivain à ses heures, amateur d'art et de musique, ouvert à la discussion avec les créateurs de tous poils. Car aujourd'hui – sans aller jusqu'au Browning de l'obscur dramaturge nazi Hanns Johst[1] –,

1. Dans la pièce *Schlageter*, en 1933, il a écrit la réplique : « Quand j'entends parler de culture, j'enlève le cran de sécurité de mon Browning », devenue par déformation du bouche-à-oreille

tellement nombreux sont ceux qui sombrent dans le divertissement, et préfèrent le goût de l'événement à la saveur de la réflexion, qu'on peut s'interroger. Faut-il par exemple reprocher au sport de masse d'être le nouvel opium d'un peuple qui se shooterait aux extases de la victoire ? Dans la lignée de l'écrivain britannique Alan Sillitoe, pour qui le sport est « la principale arme "civilisatrice" de l'éthique du monde occidental », le philosophe Fabien Ollier constate que « les gens ne lisent plus, ils marchent, courent, pédalent et adhèrent tous au dolorisme sportif pour se perdre dans cette douleur égotiste, s'oublier dans cette souffrance monomaniaque et devenir indifférents à l'égard des misères du monde[1] ». La culture physique permet-elle d'oublier la culture tout court ? Les deux mondes sont-ils si éloignés ? Rabelais a répondu en incluant le sport à l'éducation humaniste transmise par Ponocrates à Gargantua : « S'exerçant élégamment le corps comme ils s'étaient auparavant exercé l'esprit. »

Une mezzo-soprano canadienne se plaignait récemment dans la presse de la différence de considération entre un athlète et un chanteur d'opéra. On louerait le premier pour ses efforts, son mental, sa dévotion, sa discipline, ses sacrifices, alors que le second serait félicité pour le don de la nature qu'est une voix en or,

---

la tristement célèbre : « Quand j'entends le mot culture, je sors mon revolver. »

1. Dans l'article « Philosophe de l'anti-sport », *Rue 89* (8 novembre 2011).

et pour le talent de pouvoir la déployer sur scène. « J'ai sué huit ans avant de pouvoir exécuter mon contre-ut sans craquer » dans l'air « Que fais-tu blanche tourterelle » du *Roméo et Juliette* de Gounod, se lamentait Charlotte Gagnon, pour qui : « Chanter de l'opéra est un sport olympique[1]. »

Comment, en voyant le défilé des coureurs aux portes de la salle Bastille, ne pas penser à elle, ou à la diva Anna Netrebko interprétant l'hymne olympique aux Jeux de Sotchi ? Je ne suis pas un grand adepte de l'art lyrique, mais j'avoue que le chœur des esclaves dans *Nabucco*, de Verdi, me donne toujours des frissons. Aux antipodes du son dancefloor qui vient de nous briser les oreilles devant le stand d'une marque de boisson énergétique, il y a moins de deux cents mètres !

Maverick, lui, est amateur de grandes voix…

*

« Venise. La Fenice. Quel nom prédestiné pour ce temple de l'opéra italien : le phœnix. Trois fois consumé par le feu depuis sa première construction au XVIIIe siècle, trois fois le théâtre renaissait de ses cendres. Pour la troisième résurrection, en novembre 2003, Verdi est à l'honneur avec *La Traviata*, créée ici même cent cinquante ans plus tôt. Pour un mélomane averti, il faut en être ! D'autant que le marathon, organisé quelques jours auparavant, permet le doublé inédit pour marier art et exercice.

1. Article dans *La Presse*, 26 février 2014.

» Mais on doit l'avouer franchement : autant la magie lyrique fonctionne, autant le parcours sportif déçoit.

» D'abord parce qu'avant de fouler la lagune – cet incroyable écrin pour des maisons ciselées comme des diamants et des palais aux nuits masquées de Carnaval –, un interminable chemin (au moins trente kilomètres presque en ligne droite) traverse des océans de verdure dans une campagne sans grand intérêt, puis des forêts de hangars dans des zones industrielles peu bucoliques. Ensuite parce que le tracé n'emprunte jamais les ruelles de la cité des doges, mais contourne – à l'exception d'une brève incursion place Saint-Marc – les îles par le sud pour une arrivée fade et assez loin du centre. Enfin parce que la Fenice, cette salle mythique où l'on vibrera quelques jours plus tard des amours perdues de Violetta pour Alfredo, demeure hors de portée du regard.

» Ne reste alors qu'un pont, bien visible lui, en tournant la tête sur la gauche au quarante et unième kilomètre, pour déposer ses soupirs. Après en avoir franchi un autre, inédit, et c'est un souvenir qui restera : des barges dressées entre la pointe de la Douane et le quai des vaporettos pour traverser le grand canal. »

*

En filigrane des mots de Benedict, s'élèverait presque la voix d'Aznavour dans *Que c'est triste Venise*… Délaissons la Bastille, ses souverains, et ses grands airs, et tournons le long du port de l'Arsenal.

Pour deviner les bateaux en contrebas, il faut courir sur le trottoir de gauche, la vision est agréable. J'ai toujours apprécié l'eau, sous toutes ses formes, la moindre embarcation invite à l'évasion, un nouvel horizon en perspective. Le bruit de l'eau aussi me détend. Plusieurs fontaines agrémentent les silences de notre appartement, au dam de Manon qui me reproche d'être un doux rêveur.

J'en profite pour essayer de décontracter les muscles. Il fallait bien s'y attendre à un moment ou à un autre, ils commencent à exister, autrement dit à se rappeler au bon souvenir de mon centre opérationnel, tout là-haut, au sommet du crâne, dans le cortex sensitif.

Impossible de parler encore de crampes, car aucune douleur formelle ne m'interpelle. Néanmoins, une sensation diffuse gagne l'avant de la cuisse, plutôt vers l'extérieur. Légère tension, en pointillé, que je remarque par épisodes plus ou moins brefs. La localisation de ces premières manifestations musculaires m'étonne. Je les attendais aux mollets, pas aux quadriceps. Allons bon ! Si les jambes me lâchent alors que le cœur tient le choc, ce serait mon monde à l'envers.

J'arrive enfin au « Km 23 » où m'attend Rafaël avec une bouteille d'eau sucrée. Cette pause boisson va-t-elle dissiper mes nouveaux doutes ?

Km 24

« Hey, frérot ! Tu as labouré ton premier semi, il te faut récolter au second.

— Rafaël le philosophe ! Au moins, j'aurais réussi un pari inespéré avec ce marathon, ha ha ha !

— Ne te moque pas, Phil, je suis sérieux. Tu as la mine d'un homme qui me paraît posséder les moyens de finir en beauté.

— File-moi de l'eau au lieu de raconter des bêtises. Au contraire, je commence à sentir mes muscles.

— Cela semble normal. Mollets ?

— Justement non. Cuisses, sur le devant. Bizarre ?

— Pas vraiment. Dans ce genre d'effort, toute la chaîne est sollicitée. Tu sais, les muscles sont solidaires depuis le cou jusqu'aux chevilles. Ne bouge pas pendant une minute ! »

Tout en continuant à parler, à me rassurer, à exhumer ses souvenirs d'ancien sportif qui en a ressenti des crampes, des douleurs, des foulures, des claquages, sans jamais pour autant renoncer, Rafaël a sorti de son sac un onguent et prodigue à mes deux jambes un massage digne d'un professionnel. La pression de ses doigts détend les fibres et favorise l'élimination de l'acide lactique. Il va vite, maîtrise parfaitement la gestuelle, regarde à peine ses mains, continue de me parler.

Le contact de nos peaux ranime de vieilles sensations oubliées. Nous étions deux frères certes opposés de caractère – lui expansif, volubile, ouvert aux autres, joyeux et toujours en mouvement ; moi introverti, timide, indifférent à mon entourage et plongé dans les livres –, mais deux gosses à qui il arrivait de se chamailler. De batailles de polochons en luttes au corps-à-corps nous avons parfois roulé, du lit au sol, de la chambre au salon. J'étais mal à l'aise dans cette relation charnelle avec mon aîné. Sa puissance supérieure à la mienne, ses cris de bête, son odeur de jeune adulte, et son agressivité naturelle m'indisposaient plus que tout. Je le repoussais davantage que je le combattais.

Ici encore, sentir ses mains sur ma peau fait naître un trouble, assez vite dissipé cependant par l'efficacité de la friction. Je repense à Hanna, la masseuse du coureur dans le roman de Jean Hatzfeld, *Où en est la nuit*. Elle s'étonnait de la manière dont les premiers humains devaient « courir à la vitesse des animaux pour chasser ou fuir. Les anthropologues affirment que Lucy courait plus vite qu'un champion olympique d'aujourd'hui. Pieds nus, sans aucune séance de musculation, sans massages… » Lucy, originaire de cette corne d'Afrique qui concentre désormais les marathoniens les plus rapides au monde : Éthiopiens, Somaliens ou Kenyans.

La vertu du massage, Maverick en a fait l'expérience à Monaco…

*

« Parcourir trois pays d'affilée par la seule dynamique de ses pieds est une expérience rare. Le marathon de Monaco se targue d'être le seul au monde à le proposer. Départ de la Principauté, essentiel du parcours en France le long de cette belle Méditerranée (dont les Romains avaient fait, en la baptisant Mare Nostrum, une sorte de bassin privé), demi-tour à Vintimille en Italie, et retour pour une arrivée dans l'imposant stade Louis-II.

» La grandeur des paysages impose à celui qui se frotte à l'exercice une forme de sérénité. D'un côté, le bleu de la mer, au détour d'un virage, donne envie d'aller y noyer toutes ses douleurs articulaires (et éventuellement ses problèmes du moment). De l'autre côté, les contreforts des Alpes du Sud, déjà anguleux par endroits, élèvent le regard vers un lointain prometteur bien qu'inaccessible. Mais la réalité du bitume renvoie le coureur à des heures moins merveilleuses. Car entre les villes de Roquebrune, Menton, et Vintimille, la route monte et descend au gré des derniers soubresauts du massif. Des rampes, des déclivités, des tunnels, rien de très enivrant. Surtout, un choc pour les jambes qui souffrent très vite.

» Aussi faut-il goûter à la table du masseur, dès lors que le muscle durci rend la crampe intolérable, quand ce ne sont plus deux mollets raidis qui portent, ni même deux morceaux de bois, à peine deux piliers de béton, mais bel et bien du titane, ou mieux encore, de l'iridium, ce métal à la densité extrême. On pourrait frapper dessus à coups de marteau !

» À l'approche de l'arrivée, les tentes se multiplient, sous lesquelles on s'allonge quelques minutes, le temps que des mains expertes redonnent un semblant de souplesse à des musculatures qui en ont perdu toute notion. Cela sent le camphre et la menthe, l'eucalyptus et le citron. Alignées sur des lits de camp, les malheureuses victimes luisent de la tête aux pieds. En haut : la sueur de la course ; en bas : les huiles appliquées sur leurs maudites guiboles devenues incapables de les soutenir. »

*

Depuis quelques années, le marathon de Monaco a disparu. Trop difficile ? Il est désormais remplacé par un aller simple entre l'Italie et la Principauté, la Riviera Classic, qui continue tout de même de fouler trois pays entre le départ et l'arrivée !

J'ai abandonné mon frère après deux minutes d'arrêt. Quelques poignées de secondes à peine, mais qui donnent une grande impression de longueur. L'incessant flux des athlètes derrière soi provoque cette sorte d'impatience, de fébrilité, qui pousse à repartir tout de suite. J'ai profité du temps où Rafaël soulageait mes membres inférieurs pour bien m'hydrater. Je dois boire. Beaucoup boire. Davantage qu'un non-greffé, sous peine d'accumuler les déchets, l'acide lactique, et de me retrouver avec les jambes raides. Tout cela à cause de la ciclosporine, ce médicament anti-rejet.

Les bras aussi commencent à tirer, mais je crois que c'est moins important, encore que… Autour de moi, la fatigue signe ses premiers effets sur les visages. Deux pâtes de fruits m'ont redonné un peu d'énergie immédiate. Pour combien de temps ?

Au passage du ravitaillement, à l'approche du vingt-quatrième kilomètre, je grappille en plus une poignée de raisins secs. Par superstition, pour ne pas louper le rendez-vous, autant que par réelle nécessité. Et c'est parti pour les voies sur berge. Une portion mal aimée dans l'épreuve parisienne, mais une leçon d'histoire à nulle autre pareille…

Km 25

Jean-Louis Servan-Schreiber, dans son essai *Trop Vite !*, dénonce l'éloge de la vitesse, pourquoi nous sommes prisonniers du court terme. Toujours accélérer, toujours réduire, zapper sur son téléviseur, répondre aux mails sur-le-champ, suivre l'actualité en direct, posséder une voiture qui ronfle sous le capot, acheter et vendre des actions en quelques millisecondes, courir toute la journée après le temps, ce bien le plus précieux pour les hommes, qu'ils gaspillent pourtant avec allégresse : « Pendant qu'ils courent, ils évitent la question du sens. »

Le marathon serait le symbole définitif de ce monde moderne trop rapide ; à preuve les philosophes grecs, garants de la sagesse absolue, adoptaient la marche pour penser (les fameux péripatéticiens d'Aristote) car elle permet de maintenir les pieds sur terre. Ce serait ensuite l'épreuve qui pousse à la compétition, contre les autres un peu, contre soi-même beaucoup ; achever ses quarante-deux bornes est un signe de réussite, aussi les cadres sont-ils nombreux à y défendre les couleurs de leur entreprise. Ce serait enfin une apologie de la ville dynamique à l'occidentale, celle qui avance en affaires, en finances, en population, en architecture ; les premiers marathons contemporains dans les années soixante-dix ne sont-ils pas nés à New York, Londres, Paris, Amsterdam, Chicago ?

Pour autant, l'événement marathon anesthésie ces cités turbulentes. Le temps s'y arrête la durée de la course. La rue se ferme à la circulation automobile, au bruit et à la fureur habituels pour s'ouvrir à l'humain. Les groupes musicaux offrent quelques heures de répit aux quartiers dans lesquels ils se posent. Un esprit festif, convivial, solidaire, règne du début à la fin. Et puis sérieusement, à 10 à l'heure, on ne va pas franchir le mur du son ! Au contraire, l'expérience du marathon incite à sortir de sa nature, à oublier son égo, à modérer son tempérament, à ralentir le rythme de sa propre vie, à créer un instant inoubliable de cette aventure exceptionnelle. À se transformer.

Toutes ces pensées sur la célérité me viennent alors que nous progressons sur une chaussée où, jusqu'en 2016, fonçaient des dizaines de véhicules. Quand le président Georges Pompidou a inventé la « Voie sur berge Rive Droite », en 1966, l'époque était encore au tout-bagnole. Aujourd'hui, les mentalités évoluent. Les piétons retrouvent leur place sur ces quais qui leur sont revenus en totalité.

Cela permettrait au moins de profiter, comme je le fais en ce moment, des sublimes façades unifiées de l'Île Saint-Louis, de l'autre côté du bras de Seine. Voilà des maisons et des hôtels particuliers que le regard de celui qui tient un volant ou un guidon n'effleure même pas. Pourtant, quelle majesté dans ces bâtisses des XVIIe et XVIIIe siècle alignant, au millimètre près, leurs grandes fenêtres carrées.

Puis vient l'Île de la Cité, moins esthétique et plus disparate dans la vue qu'elle propose depuis le niveau des berges. Avant l'arche métallique du pont d'Arcole, un coup d'œil furtif sur la gauche permet d'embrasser, au loin entre les immeubles, les tours carrées de Notre-Dame. Défilent ensuite l'Hôtel-Dieu et le tribunal de commerce. Entre les deux, il faut passer sous l'arche massive du pont Notre-Dame, à l'emplacement du plus ancien passage de la Seine quand Paris n'était encore que Lutèce, et du haut duquel l'inspecteur Javert se suicide à la fin des *Misérables* en plongeant dans les flots. L'ouvrage de pierre nous accueille par un personnage au sourire éclatant d'un côté, mais grimaçant de l'autre.

Sur le cliché officiel du marathon pris à cet endroit-là par une brigade de photographes assis sur des petits tabourets, chacun tente de lui répondre par une autre forme de sourire, faussement naturel et enjoué. Les visages sont déjà marqués, les jambes commencent à traîner, le corps tassé trahit une fatigue grandissante, pourtant tout le monde crâne devant l'objectif. On tend le pouce ou on dessine le V de la victoire, on redresse le buste, on bombe le torse, on allonge la foulée, certains vont même jusqu'à sauter comme des cabris, d'autres s'offrent une accolade. Donner le change pour la postérité rassure les plus inquiets et gonfle les voiles des plus orgueilleux.

C'est ensuite le pont au Change et ses énormes « N » entourés de lauriers – sceau impérial de Napoléon III qui ordonna sa reconstruction –, puis surgit la Conciergerie, son horloge carrée monumentale rénovée de frais (à grands frais aussi) et ses épaisses tours rondes. Derrière ces pierres massives, toute l'histoire de France défile, depuis les premiers rois en leur palais, jusqu'à Marie-Antoinette détenue dans les cachots d'une prison devenue « l'antichambre de la guillotine ».

Le panneau « Km 25 » rappelle que l'arrivée est encore loin. Ce que répètent à l'envi les mascarons du Pont-Neuf, ces masques grotesques qui raillent les coureurs défilant sous leurs barbes fleuries et leurs sourires sarcastiques. Enfin, de part et d'autre de ce pont qui – comme ne le dit pas son nom – est le plus vieux de la capitale, voici d'un côté un pan de la belle place Dauphine (seule rescapée de la folie Haussmann sur l'île) et de l'autre le square du Vert-Galant. Henri IV y venait trousser ses maîtresses, et une célèbre photographie de Robert Doisneau dans les années cinquante possède cette vertu de montrer, en arrière-plan du policier et des deux amoureux qui s'embrassent, la Rive Droite sans sa voie sur berge.

Quel bonheur de jouir de tout cela, même si – n'en déplaise à Jean-Louis Servan-Schreiber – c'est en moins de dix minutes ! Quel apaisement aussi, de courir au bord de l'eau. Un privilège que Maverick a connu à Amsterdam, en 1992…

*

« Avant, le marathon d'Amsterdam se déroulait en mai. Au pays des fleurs, ce devait être un parcours merveilleux à travers les parcs et le long des canaux. Cette année, pour la deuxième fois, il se court en septembre. Allez savoir pourquoi. De même, départ et arrivée se sont longtemps donnés sur la place du Dam au centre historique. Désormais la base en est le stade olympique. Au moins, est-ce une référence aux Jeux de 1928, ceux-là mêmes qui virent l'apparition pour la première fois d'une flamme flamboyant au-dessus des tribunes.

» Cette année-là, le titre fut enlevé à la surprise générale par un ouvrier des usines Renault, Boughéra El-Ouafi, qui boucla ses 42,195 km en 2 h 32 min 57 s. Splendeur et misère du coureur colonial, personne ne sut que faire de ce Français d'origine algérienne qui, par la suite, pour gagner quelques billets en plus de son salaire de riveteur à Billancourt, succomba à la sirène des professionnels. Exclu de toute compétition olympique, il mourut dans la misère, sous les balles d'un règlement de compte du FLN.

» Pas de fleurs en automne donc, mais de la verdure et de l'eau partout. Quelle joie d'être ainsi accompagné par une nature heureuse. Et quel parcours ! Que ce soit l'étroit passage entre le musée Van Gogh et le Rijksmuseum, la traversée du très populaire Vondelpark où les Amstellodamois passent leurs dimanches ensoleillés, la coulée entre les deux rives de l'Amstel bordées de majestueuses maisons bourgeoises et quelques moulins (au loin on aperçoit le Stadium de Meer où l'Ajax ne fait plus merveille), le musée maritime, les canaux historiques, et bien sûr le stade olympique. »

*

Par un rapprochement d'idées inexpliqué, évoquer les Pays-Bas me donne une soudaine envie de bière fraîche ! Je me la réserve pour l'arrivée, si tout va bien. L'effort prolongé et le soleil qui grimpe accentuent la chaleur. Mes pulsations aussi montent. Un coup d'œil à ma montre me le confirme : 158.

Attention, je navigue dans ma zone de sécurité. Il ne faudrait pas que j'en atteigne les hautes eaux.

Km 26

J'ai encore dans les oreilles le vacarme de la musique électro, au kilomètre précédent pour le ravitaillement. Pour moi, passer devant ces haut-parleurs géants crachant leurs décibels est un véritable supplice. Leurs vibrations, qui pénètrent chaque pore de peau, me conduisent vers une transe désagréable, par bonheur à chaque fois de courte durée. Leur puissance a de quoi rendre sourd.

Partant de cette pensée, mon esprit vagabonde, et je songe à ce runner sourd, James Clarke, qui ambitionne de collecter cent médailles sur différentes épreuves. Il en est à un peu plus de la moitié. Victime du syndrome d'Usher qui associe une perte progressive de la vision à sa surdité de naissance, il veut se préparer à cet avenir terrible en pleine conscience : « Je cherche à achever quelque chose que je pourrai avoir dans mon rétroviseur et dont je serai fier. » Ses vidéos sur Internet m'ont ému. Il plonge inexorablement vers un trou noir, sans image ni son, et affiche une bravoure incroyable. Je me sens si minuscule par rapport à lui.

Les malentendants ont leurs propres Jeux olympiques depuis 1924, bien avant les handisports. Les derniers en date, à Sofia il y a deux ans, ont rassemblé près de trois mille athlètes. Mais pour de sombres histoires financières, politiques, de reconnaissance, et aussi parce qu'il faut une organisation spécifique à cause de la langue des signes, les Deaflympics ne parviennent pas à s'associer aux Jeux Handisports. Une intégration est toujours envisagée. Toutes ces querelles sont bien fâcheuses, car sur le terrain, comme ici à Paris, tous les handicapés se mélangent.

C'est drôle le hasard, à l'instant où je mène cette réflexion, je me retrouve à proximité d'un aveugle accompagné de ses deux suiveurs. La trentaine, un corps affûté, le souffle régulier, il est bien entraîné. Tous les trois sont reliés par une cordelette. Ils courent très près les uns des autres, et se parlent régulièrement. Je suppose qu'au moindre virage serré, ou pour éviter un trottoir, ses guides le tiennent par le coude, ou lui attrapent le poignet. Malgré tout, entre ses deux protecteurs valides, ce garçon doit posséder une confiance absolue en eux, et en lui, pour poser sans hésiter un pied devant l'autre à une telle allure. Courir au milieu de cinquante mille personnes sans en voir aucune, n'y a-t-il pas de quoi prendre peur, devenir parano ? Aurai-je, à sa place, cette force-là ? Rien n'est moins sûr. Certes, les handicapés partent avant les autres, mais ils se font vite rattraper. Ils savent qu'ils seront noyés dans la masse.

J'encourage le jeune aveugle, alors que nous nous enfonçons sous le tunnel des Tuileries, où le noir n'est pas complet mais l'atmosphère un peu confinée et les bruits de la ville assourdis. Là, me revient un passage du livre de Maverick. Lui aussi a évoqué ces athlètes exceptionnels que sont les non-valides…

*

« Boston. Le doyen des marathons. Depuis 1897 dans la foulée des premiers Jeux de l'ère moderne, le tracé demeure immuable. Une longue ligne droite conduit du village champêtre de Hopkinton jusqu'à Copley Square au cœur de la ville. On est souvent face au vent, on traverse des champs, des forêts, des bourgs de campagne. Les gens sortent sur le pas de leur porte, ils crient, ils encouragent, ils sont heureux de cette animation devenue un rituel.

» Peu après le départ, la statue de Stelios Kyriakides interpelle. Ce Grec, qui avait échappé aux nazis durant la guerre, remporta la cinquantième édition du marathon, en 1946, alors qu'il n'avait pas couru depuis six ans. Profitant de ce succès, il lança une campagne de solidarité auprès des Américains pour son peuple anéanti par le conflit européen. De retour dans son pays avec des bateaux chargés de nourriture, de médicaments et de vêtements, il y fut accueilli comme un héros. En son honneur, pour la première fois depuis la Libération, l'Acropole s'illumina de nouveau.

» Autre étape, vers le *mile* dix-neuf, la statue de son ami Johnny Kelley, vainqueur en 1935. La légende veut que l'année suivante, à quelques centaines de mètres de là dans l'ultime des quatre collines de Newton, Kelley donnât une tape sur l'épaule du challenger Tarzan Brown. Vexé, ce dernier s'engagea dans une féroce bataille pour la victoire et battit Kelley, lui brisant le cœur. Depuis lors, cette colline est surnommée Heartbreak Hill[1]. Pour beaucoup, le dénivelé d'une trentaine de mètres – à l'approche du trente-troisième kilomètre – inscrit là le fameux "mur" dans une réalité de terrain. Pourtant, sur son ensemble, le parcours est en pente douce entre le départ et l'arrivée. Ce qui l'empêche d'être homologué pour des records alors que, paradoxalement, pour s'y aligner il faut avoir réalisé des temps minimaux dans d'autres grands marathons.

» Ah ! Boston… Il y aurait tant d'histoires à raconter. La couronne d'olivier, seule récompense pendant près d'un siècle avant que les vainqueurs ne réclament monnaie sonnante et trébuchante. Bill Rodgers, un pacifiste qui préféra, après le vol de sa moto, courir plutôt que prendre le bus ; quatre fois vainqueur, il devint l'un des meilleurs athlètes des États-Unis. Ron Hill, marathonien en même temps que docteur en philosophie, chimiste, et jardinier. Rosie Ruiz, tricheuse qui rallia discrètement vers la fin le peloton des hommes après s'être versé de l'eau sur le corps en guise

1. Colline du Chagrin.

de fausse transpiration ; son chrono exceptionnel dévoila la supercherie. Et que dire de la Team Hoyt !

» Rick Hoyt, jeune homme handicapé moteur, diplômé du Boston College grâce à un ordinateur aménagé, voulut participer en 1977 à une course de charité au profit d'un de ses camarades qui venait de perdre l'usage de ses jambes dans un accident. Son père, Dick, releva le défi et poussa le garçon dans son fauteuil roulant. "Papa quand je cours, c'est comme si mon handicap disparaissait." Rick se surnomma "l'oiseau libre". Depuis, l'équipe familiale accumule les marathons. Voir courir à ses côtés ce père volontaire poussant le fauteuil de son fils enthousiaste, quelle leçon admirable ! Surtout que l'homme court vite. Diable, impossible de le lâcher comme ça ! »

*

Maverick avait toutes les chances de croiser la Team Hoyt à Boston, car elle y a couru des dizaines de fois. Plus de mille courses au total, dont des centaines de marathons, semi-marathons et triathlons ! Cette aventure humaine hors du commun a inspiré le film *De toutes nos forces* de Nils Tavernier. Jacques Gamblin y incarne avec justesse et sans pathos le père héroïque. L'acteur normand, également coureur devant l'éternel, est écrivain à ses heures. Il fait dire au héros de son roman *Entre courir et voler il n'y a qu'un pas Papa* : « Je courais pour me taire. Pour dépenser ma chance [...]. Je courais pour courir. Pour me sentir léger. Ne plus franchir aucune ligne. » En quelque sorte devenir un oiseau libre, comme Rick Hoyt.

Quant à Benedict, connaissant son destin, lui qui est condamné désormais au fauteuil roulant, comment ne pas lire son récit de Boston sans être bouleversé ?

La sortie du tunnel des Tuileries, après le kilomètre vingt-six, me redonne de l'énergie. Être enfermé pendant plus de huit cents mètres entre quatre murs, avec pour seule issue un point blanc au loin, n'est pas vraiment la panacée pour un sportif. Un grand basque devant moi (je le suppose parce qu'il court avec un béret) imite de son timbre clair et puissant un solo de trompette dans une arène. Nous lui répondons tous en écho par un tonitruant « Olé », amplifié sous le tunnel, mais c'était le but du jeu. Moins jolie, une petite voix aigrelette tente un « tchicatchicatchic ». Aïe, aïe, aïe…

Km 27

Avant, j'appelais souvent Manon *Mon Cœur*. Depuis l'opération je n'ose plus. En réalité, je n'y parviens pas. Les mots ne prennent jamais corps. Ni sous mon crâne, ni dans ma bouche. Parce que ce qui palpite là, au creux de ma poitrine, n'est pas le cœur que j'ai offert jadis à la femme que je chéris. Il a vibré, avant moi, d'un amour qui ne la concerne pas. Peut-être une âme y rôde-t-elle encore ? Celle de l'aimant ? De l'aimé ? Certes ma vie ne tient qu'à cet organe étranger devenu mien par la force de la nature (et l'aide de la science), mais j'appelle désormais Manon *Amour Joli*.

Le cœur. Centre émotionnel de l'humain, régulateur du sang et de la respiration du marathonien. « À la fois mécanique de pointe et opérateur d'imaginaire » selon la belle formule de l'écrivain Maylis de Kerangal dans *Réparer les vivants*, « clé de voûte des représentations qui ordonnent la relation de l'homme à son corps, aux humains, à la création, aux dieux », point magique « toujours situé à l'exacte intersection du littéral et du figuré, du muscle et de l'affect ».

Jusqu'à la nuit des temps, le même symbole représente le cœur. S'agit-il de la graine de silphium, cette plante disparue aux vertus contraceptives, souvent associée à l'amour et à la sexualité ? Ou bien de la feuille de vigne, dont la résistance peut renvoyer à une relation solide et durable ? Au Moyen Âge, alors que l'autopsie était interdite et qu'on ignorait sa forme réelle, l'emblème s'emplit d'un rouge sang pour désigner le mystérieux organe que le médecin anglais William Harvey décrivit, mais seulement à l'aube du XVIIe siècle, comme pièce maîtresse dans la circulation sanguine.

Une seule certitude, le dessin consacre l'union de deux moitiés identiques pour former une entité inséparable. C'est exactement ce que j'éprouve avec mon donneur. Par un sentiment étrange, très fort, je refuse d'écarter celui ou celle qui palpite encore en moi. Je transforme la dualité en une fusion impossible. En effet, c'est inexplicable et pourtant, nous ne sommes plus qu'un, lui ou elle, et moi. Par mon existence, je perpétue celle de la personne qui m'a légué son bien le plus précieux. Presque de quoi rendre Manon jalouse.

J'ai fini par accepter mon nouveau cœur comme une bénédiction. Il m'a fallu du temps pour cela. La course m'y a aidé au-delà de l'imaginable. Mêler le physique à l'émotionnel, le musculaire au psychologique, extérioriser pour intérioriser. Elle me sort des déprimes, donne du tonus au greffon, régule mes médicaments, m'apporte une liberté inattendue, m'offre la joie de redécouvrir mon corps, me ramène dans le monde de la normalité.

Oui, courir m'a sauvé. Par étrange, c'est le titre du premier livre de Maverick…

*

« *Courir m'a sauvé* raconte comment éloigner l'obésité au fil des sorties, chaussures aux pieds. Avec du courage et de la volonté plus que de raison, avec la folie de croire sans faillir à ses convictions, avec la patience de mesurer les résultats sur une taille en bonbonnière. Il suffit d'enfiler des blousons chauds pour suer abondamment, de modérer son appétit envers les desserts monumentaux, et de choisir les épreuves les plus difficiles. Sans oublier d'y mettre tout son cœur.

» Au cœur de l'Amérique profonde – tel est d'ailleurs son nom, Heart of America Marathon – se court l'un des plus vieux, des plus beaux, et des plus difficiles marathons des États-Unis, qui a lieu à Columbia, le jour de la fête du travail. Ainsi chaque premier lundi de septembre depuis 1960, quelques dizaines de mordus s'élancent pour un parcours entre le centre-ville et le Missouri. Cinq montées les attendent, plus délicates l'une que l'autre, depuis le kilomètre deux pour la première, jusqu'au kilomètre trente-sept pour la dernière, la plus affreuse puisqu'elle ne consent à s'arrêter qu'à sept cents mètres de la ligne d'arrivée.

» L'écrivain Hal Higdon, considéré comme le gourou du running aux USA, prétend que c'est "une course de péquenauds[1]", mais classe l'une de ces collines, Easley Hill, parmi les dix ascensions les plus raides du pays. Oui, il faut aimer courir pour venir là ! Parce que les jambes souffrent, que la météo est rarement clémente et que, pour la deuxième année de suite (ce qui n'était jamais arrivé depuis la création de la course), le fleuve a débordé, contraignant à une rallonge de quatre cents mètres.

» Maigrir se mérite. »

*

C'était le quatrième des quarante-deux marathons de Maverick, en 1986. L'un des plus durs. Ses vainqueurs ne le bouclent jamais en moins de 2 h 30 : 2 h 40 pour Frank Curotto cette année-là (Benedict finissait bon dernier en plus de 5 heures) ; 2 h 45 pour Andrew Danner en 2014 ; 2 h 39 pour Austin Jacobs en 2013 ; 3 h 57 pour Joe Schroeder en 1960 à la première édition (ils ne furent que deux à arriver). Seule exception, et record de l'épreuve, Denis Hinkamp en 1977 : 2 h 29 ! Mais il paraît que la beauté des paysages, surtout dans la première partie, est à couper le souffle.

À propos de souffle, je retiens le mien, façon de parler. Dans quelques instants, je retrouve mon *Amour Joli*. Manon m'attend. Le point de rencontre est fixé

1. Article paru dans *Ultrasport*, en 1985.

juste après les éponges, à la hauteur du musée de l'Orangerie (où la série *Les Nymphéas* de Monet fait toujours bonne impression). Et hop ! Cette fois-ci j'en profite. Un peu sur la nuque, un peu sur les cuisses qui commencent à chauffer, un peu sur les mollets pour les décontracter. L'eau, qui ruisselle doucement, apaise et rafraîchit à la fois.

Je décide de marcher pour ne pas louper Manon. Une foule dense s'est amassée à partir de la place de la Concorde. Dans cette épaisseur bigarrée, je cherche son visage lumineux, sa petite jupe couleur corail. On s'était dit *rendez-vous près du panneau « Km 27 » OK ?* cela nous paraissait le plus simple. Le calicot est bien là, pas Manon. Je fouille du regard. Les gens crient *plus que quinze bornes*, certains m'encouragent, ils pensent que je suis épuisé, *allez Philippe*, on m'appelle par mon prénom qui barre mon tee-shirt, *tu vas y arriver mon gars*, d'autres tapent frénétiquement dans leurs mains.

Ils sont gentils, mais je me fous de leur soutien. Je cherche Manon. Je suis inquiet pour elle. Pourquoi n'est-elle pas là ? Lui est-il arrivé quelque chose ? Et Emy ? Absente aussi. Ont-elles raté la correspondance du métro ? Que s'est-il passé ? Elles avaient une marge suffisante pour être là avant moi.

Je panique. Ma respiration accélère. Mon cœur s'emballe.

Km 28

Hagard, je m'enfonce vers le passage souterrain qui évite la place et prolonge les quais. Autour de moi, des coureurs râlent contre ces tunnels à répétition qui cassent les guiboles. Nous allons en subir trois de suite. Moi, je n'y pense même pas.

Je suis perturbé.

J'hésite entre marcher et trottiner. Je me tourmente, comme Smith, dans *La Solitude du coureur de fond* d'Alan Sillitoe : « Je sais que je ne dois pas m'en inquiéter, que très probablement c'est parce que je pense trop et que de temps en temps je crois que c'est de la bile que je me fais. Car parfois je suis le plus grand bileux du monde je crois. » Dois-je continuer sans savoir pourquoi Manon et Emy n'étaient pas là ? Mes pulsations affolées vont-elles se calmer ? Mes jambes, qui flageolent un brin, je le sens bien, sauront-elles me porter jusqu'au bout dans ces conditions ?

Respire à fond. Une longue bouffée par le nez. Souffle doucement par la bouche. Encore.

Portés par cette douce ponctuation pulmonaire, mes mollets se ressaisissent. Je redresse le buste, relève la tête. Mes bras, accentuant leur balancier régulier, donnent un peu d'élan au reste de mon corps. Je sens mes cuisses prêtes à tirer davantage vers le haut. Petit à petit, je repars dans une minuscule foulée. Au fur et à mesure, celle-ci s'étire. Je m'écrase moins sur le bitume. Je retrouve enfin la volonté de courir.

Détends-toi. Voilà. Ça va mieux.

La rampe pour remonter à hauteur de la place, de l'autre côté, freine à peine cette reprise. Je me motive pour donner le coup de rein nécessaire. Un orchestre de percussions afro-brésiliennes m'y aide avec ses rythmes de samba-reggae. Cette musique, née dans les années soixante-dix à Salvador de Bahia, a en effet de quoi vous emporter dans son tourbillon. Sans ménager leur peine, ces garçons et filles martèlent leur tambour avec allégresse. Cela remet un peu de baume au cœur.

Du baume au cœur. Le cœur. Mon cœur…

Mon cœur qui défaille à nouveau… De joie cette fois-ci. Juste à côté du groupe musical, sur la droite, Manon et Emy !

Par des grands bonds qui suivent le tempo, elles veulent se faire remarquer. Elles espèrent que je capterai leur présence. Elles savent que je ne les attends pas ici. Dans le même temps, leurs yeux scrutent l'infernal défilé des coureurs. Elles me le diront par la suite, mais elles se sont partagé la tâche : à l'une la moitié côté Seine, à l'autre la moitié côté Concorde. Elles ne veulent surtout pas me rater. C'est Manon qui me repère. Elle hurle des « Phil » de rage, de bonheur, de fierté, d'amour. Mes yeux plongent dans les siens. Je pleurerais.

« Vous vouliez me faire mourir ?

— Impossible de s'avancer de l'autre côté, tu as vu la foule ?

— Oui, c'est noir de monde, et avec les éponges c'était un peu le chaos. Mais j'étais inquiet tout de même.

— Désolée. On ne pouvait vraiment pas approcher. » Elle m'essuie le front et m'embrasse tendrement : « Oh ! Mon Chéri. Tu as eu peur. Tu sais que tu as les moyens de courir sans nous. Tu es suffisamment costaud. J'ai confiance en toi, en ton physique, ton mental.

— Plus que moi peut-être…

— Comment te sens-tu ? enchaîne Emy.

— J'ai vraiment eu un coup de chaud. J'ai bien senti que ça s'emballait là-dedans.

— Oui, Alain m'a appelé, il se demandait ce qui arrivait. Tu as dépassé les 170. Rassure-toi, à présent c'est redescendu et tous les voyants sont au vert. Sinon ?

— Jusque-là ? Le cœur, impec. Les cannes, ça va encore. Pas de fringale à l'horizon. Le moral, on verra.

— Super. Tu restes comme ça. Allez ! Plus que quinze petits kilomètres. Cela correspond à ce qu'on a avalé trois fois par semaine depuis quatre mois. Une bagatelle.

— File maintenant, ajoute Manon en m'enlaçant. On se revoit porte d'Auteuil, on devrait y être dans moins de trente minutes, en fonction du changement à La Motte-Picquet.

— Et moi dans environ cinquante, si je tiens le coup ! De toute façon, avant, je vois Rafaël devant la Maison de la Radio.

— Je t'aime.

— Moi aussi, *Amour Joli* ! »

Je m'empare d'une nouvelle bouteille d'eau sucrée, d'une pâte de fruits, et reprends mon chemin, cette fois-ci le cœur léger. Une joie inattendue me submerge. J'en adopterais presque un style aérien…

*

« À "La Locomotive" Zátopek on doit la célèbre phrase : "Quand le style comptera en course à pied, comme au patinage artistique, je m'appliquerai." Pourtant, aux Jeux d'Helsinki en 1952, où il s'aligne pour la première fois au marathon, il ne force jamais le trait et semble ne pas souffrir. Jacques Goddet du journal *L'Équipe* note que "lui, le contorsionné, a fait de l'épreuve du drame et de la mort une agréable promenade de santé. L'épuisement du soldat s'effondrant totalement sur la ligne du devoir accompli, la civière et les infirmiers, l'angoisse et ses accessoires ? Bernique[1] !" Emil gagna la course haut la main, comme il l'avait fait dans le 5 000 et le 10 000 les jours précédents.

1. Article paru dans *L'Équipe* du 28 juillet 1952.

» Helsinki, c'est le pays d'un autre monstre du fond et du demi-fond, premier véritable dieu du stade avec neuf médailles d'or olympiques dans les années vingt : Paavo Nurmi. Surnommé "le Finlandais volant", l'homme avait inventé l'entraînement avec chronomètre, accessoire dont il ne se séparait jamais. Nurmi à qui William Goldman fait dire dans *Marathon Man* : "Bien sûr que tu brûles à l'intérieur, tu es censé brûler à l'intérieur, et tu ne vas pas cesser d'avancer, tu franchis la frontière de la douleur. Je l'ai fait, c'est pour cela que j'ai été le plus grand coureur." Aussi, de manière tout à fait légitime, Nurmi toise-t-il du haut de sa statue les coureurs qui s'élancent dans le marathon de la capitale finlandaise.

» Courir dans cette ville rend humble. La force de ces anciens champions plane toujours, quelque part au-dessus du peloton. La beauté des tableaux, tout au long du circuit, révèle la puissance de la nature : la ligne bleutée de la mer Baltique, les parcs verdoyants que l'on traverse sans cesse, les îles sur lesquelles on saute comme en pointillé. L'urbanisme enfin de cette cité blanche – qui doit beaucoup à son annexion russe au XIXe siècle – impose la majesté de ses grandes façades rectangulaires. »

*

Côté architecture, pour l'heure, je suis moins verni que Maverick. Un nouveau tunnel, sous le cours la Reine, m'empêche d'apprécier les verrières du Grand Palais. Elles ont été rénovées dans un vert réséda pâle qui pourrait obtenir du ministère de la Culture le label « vert Grand Palais », comme il existe un « marron Tour Eiffel » !

J'ignore quelle est la nuance de vert qu'arborent les calicots qui jalonnent les kilomètres. Le vingt-huitième, en tout cas, claque au vent sur ma droite, avant le pont de l'Alma et le dernier passage souterrain. Vingt-huit. Déjà les deux tiers.

Km 29

Le style. Voilà autre chose de très intime. Chacun sa manière de poser le pied au sol, de lever les genoux, d'exploiter les bras, de remuer les épaules, de porter la tête. Certains mordent la chaussée avec voracité, quelques-uns la mâchent sans relâchement, il en est qui la rasent en l'effleurant à peine. Dans *Courir*, Jean Echenoz remarque qu'il y a « des coureurs qui ont l'air de voler, d'autres qui ont l'air de danser, d'autres paraissent défiler, certains semblent avancer comme assis sur leurs jambes. Il y en a qui ont juste l'air d'aller le plus vite possible où on vient de les appeler ».

Le Sud-Coréen Hwang Young-cho, vainqueur du marathon olympique de Barcelone, refermait sur son torse ses deux bras repliés comme des ailes de poulet. Emil Zátopek grimaçait tel un forçat du bitume en moulinant des coudes. Wilma Rudolph, la « Gazelle noire » des années soixante, qui avait dominé une poliomyélite grâce à la course, tendait toujours le cou étiré vers l'arrière et les mains haut levées sur le côté.

Le Marocain Khalid Skah, qui galopait la tête ramassée dans les épaules, inspire dans le livre de Renée Greusard *Manuel pour ne pas courir idiot* cette remarque de l'entraîneur Gilles Dorval : « Quand on le voyait courir, ça ne ressemblait à rien, mais c'était hyper efficace. »

Une tribu indienne du Mexique avale les kilomètres par dizaines sans coup férir, et Juan Martinez – héros de *La Grande Course de Flanagan*, le roman de Tom McNab – y a été envoyé en apprentissage : « Trois mois plus tard, il était capable de courir cent trente kilomètres par semaine, bien qu'il ne fût jamais parvenu à imiter le trottinement bas et saccadé des Tarahumares, sa foulée naturelle étant haute et fringante. »

Oui, vraiment, à chacun son style.

Pour ma part, je garde le souvenir des maudites leçons d'EPS de mon enfance. Mon prof de gym, un type extravagant qui donnait par ailleurs des cours de russe au centre culturel de la ville, agitait son corps de grands soubresauts pour indiquer les mouvements exacts à accomplir. Il nous expliquait qu'il fallait d'abord poser le talon, comme pour enfoncer un clou, puis développer toute la semelle jusqu'aux orteils, et redonner une impulsion avec la pointe du pied afin d'allonger la foulée. Simultanément, le corps légèrement penché en avant progressait dans une locomotion tendue, et les bras tiraient avec énergie pour l'entraîner encore plus vite dans une inexorable fuite qu'il était alors bien difficile d'arrêter. Je n'ai jamais pu m'y résoudre. Je cavalais comme un cabri désarticulé.

M. Ruskof (tel était le surnom dont nous l'avions affublé) enseignait ce que les spécialistes de la biomécanique appellent la course en cycle arrière. On peut aussi, à l'inverse, poser en premier l'avant du pied, mais auquel cas il faut garder la jambe tendue, et laisser son bassin haut, sans le positionner en antéversion, autrement dit sans laisser fuir le bas des fesses vers l'arrière.

Quelle est la meilleure technique ? Je l'ignore. J'ai simplement compris que dans le deuxième cas, le genou monte beaucoup plus haut, ce qui demande un effort supplémentaire. Par volonté d'éviter cette cinétique plus marquée, et sans doute dans le souvenir ému de mes jeunes heures d'éducation physique, je déroule à partir de l'arrière. Autour de moi j'ai l'impression que, en général, les anciens adoptent cette formule, alors que les plus jeunes posent plutôt les coussinets d'abord. Mais est-ce bien la réalité ? Le poète mauricien Malcolm de Chazal prétend, lui, dans *Sens plastique* que « l'idéaliste a la marche des orteils ; et le matérialiste a la marche des talons », de quoi laisser songeur.

Quant à la longueur de la foulée, c'est une autre question, à laquelle Maverick, étonnamment, s'est intéressé…

*

« À force de pratiquer la course à pied, quelques principes apparaissent à l'amateur éclairé. Plus on va vite, plus s'allonge la distance entre les impacts au sol. Faut-il dès lors les éloigner au maximum pour gagner du temps ? Des scientifiques ont étudié le cas de Paavo Nurmi, spécialiste du demi-fond. Ils estiment sa foulée à environ deux mètres trente. Là aurait résidé le secret de son succès. Que dire alors de celle d'Alberto Juantorena : deux mètres soixante-dix ! Elle lui valut le surnom de El Caballo[1] et lui permit de remporter quatre médailles d'or, deux aux Jeux de Montréal et deux à la Coupe du monde des nations à Düsseldorf.

» Autre constat, les sprinters accrochent le sol par le devant de la voûte plantaire, d'où les pointes implantées à cet endroit sous la chaussure. Les marathoniens eux, dans leur régularité de métronome, posent le pied presque dans son entier. Par souci d'économie, ils préfèrent une allonge régulière, quitte à la raccourcir un brin. L'idéal pour eux étant d'approcher la sensation de ne plus toucher le bitume, de voler.

» Ces interrogations prennent une certaine importance le jour où le vent joue les trouble-fête. Ainsi à Lisbonne au Portugal, le tracé suit une très longue partie littorale. En partant de la place du Commerce, il faut suivre le Tage en direction de Belem. L'Atlantique fait face, un souffle puissant venu du large également. Terrible ennemi, implacable, jamais une faiblesse, toujours gonflé à bloc. Impression de pénétrer dans une masse à la fois molle et solide, sensation d'appuyer toujours davantage sur les cuisses, certitude de respirer moins aisément, la bouche sèche, et les narines explosées comme les branchies d'un poisson hors de l'eau. On court en boule, les

1. Le cheval.

membres rentrés, le dos arrondi. Le style importe peu. Seul compte le fait de ne plus donner prise au vent.

» Voici enfin Belem : sa tour majestueuse depuis 1529, des Pasteis de Nata depuis 1837, le marathon depuis 1986. De là, inutile de chercher à imiter Vasco de Gama à l'assaut des Indes, il faut tourner le dos aux horizons lointains, et… ouf… à la bise ! Le coureur embrasse alors l'idée de pouvoir apprécier tout ce que, dans l'intensité de l'effort, il a manqué à l'aller : monastère des Hiéronymites et ses faux airs de Westminster ; musée Berardo et ses faux airs de mur des Lamentations ; pont du 25 avril (en souvenir de la Révolution des Œillets) et ses faux airs de Golden Gate. En effet, le vent offre un répit jusqu'au centre-ville, et même un peu plus loin, vers l'Aquarium. Mais là, lorsqu'il s'agit de revenir vers la place du Commerce pour les derniers kilomètres, un nouveau demi-tour s'impose et l'ami Éole, retrouvé face à soi, emporte avec lui les derniers espoirs d'un temps honorable. »

*

À croire que les organisateurs de l'épreuve portugaise ont écouté les doléances de Benedict. Désormais le marathon de Lisbonne se court en ligne droite le long du fleuve, en partant de Cascais, une petite ville au large, bien après Belem. Ainsi garde-t-on, du début à la fin, le dos aux bourrasques.

Moi, ce n'est pas le vent qui m'aura épuisé, mais les souterrains de la voie sur berge. J'avais très peur de ces obstacles, qui interviennent juste avant le « mur » du trentième. À raison. J'ai peiné à m'en extirper. Par chance, le tout dernier – à hauteur du pont de l'Alma – est désormais derrière moi. Dans un soufflement de taureau et en m'arc-boutant sur mes jambes, je viens de le vaincre (non sans une pensée émue, au passage du treizième pilier, pour cette pauvre Diana encastrée là sous les étoiles d'une belle nuit d'août).

Soulagé, je salue le panneau « Km 29 » avec confiance.

Km 30

« Un marathon, c'est trente kilomètres d'attente et douze kilomètres cent quatre-vingt-quinze de course ! » Cette boutade, lancée par un moustachu à l'allure débonnaire dans le sas du départ, ce matin, alors que nous patientions sous nos ponchos poubelles, me revient à l'esprit. Ainsi donc, nous y voilà ! La légendaire muraille. La dernière ligne droite. Les trente bornes. La fin des haricots…

Pourquoi me sens-je aussi bien alors que tout le monde m'avait prédit le pire ? Comment puis-je encore percevoir mon corps dans son entier sans souffrir ? Pourquoi n'ai-je aucune appréhension de la suite ? Par quel miracle mon haleine conserve-t-elle une stabilité aussi déconcertante ? Aurais-je atteint le second souffle, cet état d'euphorie décrit si souvent après un exercice prolongé ? La phrase de Murakami, que j'ai soulignée de rouge dans son *Autoportrait de l'auteur en coureur de fond*, me cogne dans la tête : « Chaque fois que je m'élance pour un marathon, le même processus psychologique se reproduit. Jusqu'à trente kilomètres, je suis certain de pouvoir courir avec un bon temps, mais une fois que j'arrive à trente-cinq kilomètres, mon corps est vidé de carburant, je commence à m'épuiser, et tout m'exaspère. »

Les râles appuyés se multiplient autour de moi, les respirations courtes et les bruits de locomotive se répondent. Les marcheurs sortent du bois. Ils ralentissent dès l'avenue de New York pour atteindre tranquillement le point de ravitaillement, devant l'esplanade du Trocadéro. Agissant de la sorte, ils espèrent dans un premier temps récupérer de leur fatigue, ensuite se trouver dans un état plus calme pour se sustenter donc mieux assimiler l'apport d'énergie, et enfin repartir avec un coup de fouet et tenir jusqu'au bout. Hélas, comme en météo, les prévisions sont rarement fiables. J'en vois qui, après s'être copieusement servi sur les tables alignées, ne parviennent pas à s'élancer à nouveau. Emmurés dans leur dépit, ils ajoutent quelques dizaines, voire centaines, de mètres de marche après leur pause.

Je bois une ou deux gorgées d'eau, car le soleil poursuit son inexorable ascension, et je conserve précieusement la bouteille que j'ai saisie, au cas où (l'angoisse d'une absence de Rafaël m'étreint désormais). Quelques fruits secs complètent ce frugal en-cas. Et me voici reparti à l'assaut de ce fameux trentième. Or je l'avale plutôt bien, à mon grand étonnement, et sous le regard bienveillant de la tour Eiffel.

Il faut avouer que la vieille dame en a vu passer des coureurs du dimanche.

D'abord les joggeurs du Champ-de-Mars : banquier travesti en athlète qui, raide comme un piquet, court droit devant ; femme entre deux âges affublée d'un survêtement de marque sautillant d'allée en allée ; vieux monsieur, perclus d'arthrite, dont la démarche hachée force le respect ; copines de bureau prenant prétexte de ce trot commun pour potiner.

Ensuite les participants aux deux principales épreuves parisiennes dont le départ est donné entre ses jambes : Paris-Versailles en septembre, puis quelques semaines plus tard les 20 km de Paris. J'aime les deux, je les ai accomplies deux fois, dans la perspective d'aujourd'hui. Elles ne sont pas faciles, l'une en raison de la côte des Gardes, à Meudon, l'autre pour sa montée initiale vers l'avenue Georges-Mandel. Mais deux parcours champêtres très agréables, et un final en beauté : devant l'esplanade du château de Versailles pour la première, et sous la tour Eiffel pour la seconde.

Des lieux chargés d'histoire…

*

« L'histoire s'est souvent mêlée à la course à pied. À Marathon même, où selon Hérodote dans le livre VI d'*Enquête*, ce n'est pas un homme seul – Phidippidès – mais toute l'armée qui fit le trajet pour sauver Athènes : "Donc les Perses contournèrent le cap Sounion, mais les Athéniens coururent à toutes jambes au secours de leur cité et devancèrent les Barbares."

» Ensuite à Berlin – où la flamme olympique brûlait tandis que les livres finissaient au bûcher –, Hitler aurait refusé de serrer la main du noir Jesse Owens, quadruple médaillé d'or.

» À Munich aussi, la prise d'otages par un commando de l'organisation palestinienne Septembre noir tourna au drame : onze sportifs israéliens tués pendant que les Jeux continuaient comme si de rien n'était, ainsi que le soulignent les journalistes français Robert Parienté et Guy Lagorce : "Les cardinaux du CIO prouvent, une nouvelle fois, leur inconscience qui est, cette fois, de l'impudeur."

» Et encore : Moscou, des demi-Jeux boycottés après l'invasion de l'Afghanistan ; Mexico, deux poings levés contre la ségrégation raciale aux États-Unis. La liste n'est pas exhaustive.

» Mexico, justement. Le marathon. L'histoire du pays s'égrène tout au long de l'avenue Reforma, au début du parcours, avec ses monuments à la mémoire de Christophe Colomb, du dernier empereur aztèque Cuauhtémoc, ou de l'indépendance. Puis vient la Torre Mayor plus haut gratte-ciel d'Amérique du Sud (230 mètres), le musée Soumaya à l'étonnante architecture en forme d'enclume, le Bosque de Chapultepec plus vaste parc urbain du continent, un quartier un peu bohème avant une arrivée au stade olympique universitaire de 1968, celui-là même du poing levé de Tommie Smith et John Carlos.

» En prime, la capitale mexicaine ajoute la géographie à l'histoire. Courir plus de quarante-deux kilomètres à deux mille quatre cents mètres d'altitude, dans une ville soumise à l'une des plus fortes pollutions au monde (qui pique le nez de manière sensible dès la sortie de l'avion), requiert une condition physique exceptionnelle. C'est une épreuve peu banale. »

*

Je crois que le chrono de Maverick, lui, n'a pas été exceptionnel à Mexico. Mais l'homme est allé au bout, sans faiblir après le trentième kilomètre, et il a sans doute pu lever un poing rageur et victorieux à l'arrivée, absent de toute portée politique ou historique, juste pour condenser son bonheur d'avoir conclu un nouveau challenge.

Quant à moi, Mexico me renvoie surtout à la voix chaude et enflammée de Luis Mariano dans son escalade vers les aigus. Mais ce n'est pas vraiment le moment de pousser la chansonnette même si se profile, après le panneau « Km 30 », la Maison de la Radio.

Km 31

Dans la course, j'aime humer, voir, entendre, ressentir l'environnement que je traverse. Odeurs d'une pelouse tondue de frais l'été, parfum d'un sous-bois humide en automne ; froid qui me transit l'hiver, douceur d'un rayon de soleil au printemps, bruine collante ou brise légère ; spectacle d'un écureuil se défilant vers la cime d'un arbre dans un parc, majesté d'une boucle de rivière à portée de regard entre deux champs ; sifflements d'un merle en quête d'amour par un petit matin de campagne, jappements d'un chien au loin le soir en proche banlieue. Baigner dans la vie. Ne pas m'isoler.

« Le monde est beau avant d'être vrai », écrivait Gaston Bachelard. Quand je cours, je trouve le monde extraordinairement beau. Effet des endorphines qui agissent comme des opiacées naturelles et me rendent junky de la vie ? Prisme artistique dû à la posture d'effort qui transforme le réel pour le sublimer ? Steve Prefontaine, l'idole du running américain dans les années soixante-dix, se voulait artiste : « J'aime faire quelque chose de beau quand je cours. » Avis que ne partage pas Marion Roman dans *Aimer courir : une passion à partager* : « La course est un sport, pas un art. [...] Contrairement au danseur, le coureur n'est pas le vecteur d'une représentation du monde non plus qu'il ne cherche à se faire l'ambassadeur de sa beauté : il se satisfait de la percevoir pleinement, par tous ses sens aiguisés. » Ô combien j'adhère à cette dernière formule. Tous les sens aiguisés. Comme si des antennes ultrasensibles, mieux que des paraboles satellites, mieux que des capteurs sensoriels, mieux que des radars sophistiqués, happaient tout ce qui passe à leur portée.

Aussi, dans cet esprit, je n'appartiens pas à cette catégorie de marathoniens qui conservent un casque vissé sur les oreilles ou des écouteurs enfouis sous un bandeau anti-transpiration. J'ai besoin de percevoir tous les bruits alentour. Je refuse l'isolement d'une bulle musicale. Mais je comprends que d'autres, au contraire, la recherchent. La rythmique d'une musique enclenche le tempo des jambes, l'entrain d'un artiste regonfle un moral défaillant, l'écho d'une mélodie appréciée recrée l'euphorie d'un ancien moment de joie, le plaisir tout simplement d'un air agréable détache l'esprit du corps et fait oublier les souffrances du moment.

Sur une distance aussi longue, certains lancent leur mp3 au bout de dix kilomètres, pour pouvoir vivre l'ambiance du départ, d'autres après le trentième comme un coup de fouet lorsque la fatigue arrive, quelques-uns le gardent du début à la fin au risque d'accélérer avec la musique et de s'épuiser (ou d'abîmer l'appareil par la sueur). Murakami écoute les Red Hot Chili Peppers, The Lovin' Spoonful, ainsi que Creedence Clearwater Revival. Maverick préfère les Bee Gees et Supertramp. On peut s'envoyer dans le casque *Gonna Fly Now* de Bill Conti, support de la scène culte du jogging de Rocky Balboa dans les rues de Philadelphie. À disposition également les innombrables chansons qui portent le mot *run* ou *running* dans leur titre (Shaka Ponk, Air, Moby, David Bowie, Bob Marley, Indila, Beyonce, Eminem, Pow Wow, Pink Floyd, Whitney Houston, Muse, Morcheeba, etc.). Ou alors jouer en boucle *Le Coureur de fond* de Da Silva : « Tu ne baisses jamais la tête / ne courbes jamais l'échine / tu t'entêtes / à faire mine / coureur de fond. » Toutes les options sont valables.

Le passage devant Radio France me renvoie à cette réflexion musicale. Ce temple du disque et des concerts, aux dizaines de kilomètres de câbles, aux centaines de milliers de vinyles et CD archivés, possède aussi (ce que l'on sait moins) son propre monument aux morts, son abri antiatomique, et sa station géothermique pour assurer son chauffage de façon autonome. Il arbore fièrement des studios rénovés et un auditorium flambant neuf, bijou acoustique pour ses différents orchestres classiques (National, Philharmonique, Chœur et Maîtrise).

C'est dans ce bâtiment que Trenet a enregistré sa toute dernière chanson *Les poètes descendent dans la rue*, dans un studio qui porte désormais son nom. Ce qui me rappelle l'un des marathons de Benedict…

*

« Un peu avant le treizième *mile*, les routes se séparent entre ceux qui bouclent le semi en tournant à droite sur Marshall, et ceux qui poursuivent le marathon en continuant tout droit sur Union Avenue. Là, sur la droite du carrefour, se dresse une maisonnette de briques rouges qui n'est pas étrangère au mythe de Memphis comme capitale de la musique. En août 1953, un garçon en pousse la porte pour enregistrer un disque dont il veut faire présent à sa mère, la secrétaire note *Bon chanteur de ballade*, mais le patron trouve sa voix *pas souvent juste*. Un an plus tard, Sam Philipps fait tout de même revenir Elvis Presley qui entame les premières notes de *That's All Right Mama*. Le Sun Studio et Elvis s'engagent alors sur la voie du succès.

» Tout au long du parcours, la musique est présente à Memphis. Des animations, des groupes, mais surtout l'esprit qui souffle sur la ville depuis la seconde moitié du XIXe siècle, alors que les premiers musiciens afro-américains se produisaient sur Beale Street. Aujourd'hui, les artistes viennent du monde entier pour enregistrer. Berceau du blues avec B.B. King, du rock avec Presley, de la country avec Johnny Cash, la cité compile les studios, son festival Memphis in May est une référence culturelle majeure, et Graceland la deuxième demeure la plus visitée des États-Unis derrière la Maison Blanche.

» En tout début de course, la portion bordant le Mississippi rappelle non sans émotion la période du coton, évoquée par un chanteur français : “Il y a longtemps sur des guitares, des mains noires lui donnaient le jour.” Moins glamour, l’arrivée dans l’AutoZone Park, le stade de base-ball… »

*

Ce que Maverick ignore, évidemment, c’est que Rafaël idolâtre Johnny. Je ne serais pas surpris qu’il en ait abreuvé son Smartphone ! Dès que j’aperçois sa silhouette devant l’entrée principale de Radio France – où nous avions fixé le rendez-vous –, j’ai presque envie de lui crier *ah que coucou !* à la manière des Guignols. Il me devance :

« Génial, tu es en super forme !

— Le trentième est passé trop à l’aise. Je crains pour la suite. Cette facilité cache quelque chose.

— Cesse de t’angoisser, frérot. Le panneau “31” t’attend au bout de l’avenue. Ensuite, onze bornes pour finir. Ce n’est rien. Tu vas les engloutir comme un vorace. Tiens, prends de l’eau sucrée. J’ai aussi des pâtes de fruits. Mets-en quelques-unes dans tes poches arrière.

— Crois-tu que je vais réussir ?

— Bien sûr ! J’en suis convaincu. Ne te fais pas de bile. Tu es solide comme un roc. J’admire ton courage et ta force, tu sais. Regarde, tout sportif de haut niveau que j'ai été, je n'aurais pas les couilles de faire ce que tu fais…

— Merci d'être là, Raf. »

L'œil brillant de mon frère m'incite à redécoller fissa. Je lui fais un signe de la main, et reprends mon chemin vers l'inconnu.

Km 32

« Sous le pont Mirabeau coule la Seine / et nos amours / faut-il qu'il m'en souvienne. » Les vers glissaient entre mes lèvres quand je grimpais sur l'estrade de l'école pour réciter les poésies que M. Faucher nous demandait d'apprendre. Il lissait sa moustache en souriant et me félicitait pour mon élocution. Je n'en comprenais pas toujours le sens, mais j'aimais entendre la mélodie des mots qui coulaient, telle la Seine. Apollinaire, Rimbaud, Éluard me touchaient en particulier.

La course à pied a parfois inspiré les poètes, comme le remarque Jacques Geoffroy : « Une affinité secrète ne relie-t-elle pas la poésie traditionnelle et la course ? N'ont-elles pas en commun des exigences rythmiques et respiratoires, des "pieds", voire des "enjambements" ? » Et dans son livre *La Course en tête* il rapporte du Queneau : « La foulée courte sur le pavé bavard un deux trois c'est le coureur de fond l'exercice moite à travers le dédale. » Quant à moi, lire Montherlant m'a apporté autant de plaisir que lui à fréquenter les athlètes : « Et je cherche, et je ne sais dire si c'était là une palestre ou un cloître, ni quel dieu me donnait ce bonheur, quand je sentais le bruit de la jeune course passer et décroître, et l'air fendu par les vies fraîches refluer sur le plus sensible de mon cœur. »

Depuis l'avenue de Versailles, seule la chaussée du pont s'offre à la vue. Impossible d'apercevoir ses deux piliers en forme de bateau soutenant son arche verte. L'un de ces navires imaginaires descend le fleuve, tandis que l'autre remonte le courant. Tous deux sont ornés d'allégories, face à l'eau pour les proues, face à la chaussée pour les poupes. Sur la rive droite en aval, se situe l'un des plus beaux spots de Paris (avec Bir-Hakeim) pour un cliché capturant la tour Eiffel en arrière-plan.

Dans *Le Pont Mirabeau*, la première strophe s'achève sur une pensée que tout bon marathonien se devrait de méditer : « La joie venait toujours après la peine. » Pour l'heure, j'en suis toujours à la peine…

La chaleur pèse de plus en plus. Sur les muscles, les articulations, le souffle. Mon haleine raccourcit, il se passe quelque chose. La pente légère de l'avenue Mirabeau, que nous empruntons sur la droite ? En tout cas, la quiétude d'une respiration maîtrisée, posée sur des foulées souples et égales, n'est plus tout à fait de mise. Je sens, de manière à peine perceptible, que je commence à saccader mon allure. J'imagine que ce sont là les premiers signes des difficultés à venir. Comment dois-je réagir ? Un bref arrêt ? Un peu de marche ? Je n'en ressens pas le réel besoin. Aussi décidé-je, à l'inverse, d'appuyer légèrement sur les jambes pour retrouver un peu plus de tonus.

Cela me permet de doubler la fondation Rossini. Cette maison de retraite pour artistes lyriques fut créée à la Belle Époque par l'épouse du célèbre compositeur italien, Olympe, dont le prénom, à lui seul, marie le divin et l'effort. Dans cet établissement, des artistes dénués de ressources séjournaient gratuitement, leurs soixante ans révolus, et bénéficiaient d'un crédit annuel dans un magasin d'habillement. Certains de ces pensionnaires, atteints d'une maladie incurable ou d'un handicap, ne sortaient alors plus de ce mouroir. Aujourd'hui, le lieu est intégré à l'hôpital gériatrique Chardon-Lagache.

Ici, la terrible phrase de Brel rôde dans mes pensées : « Mourir, cela n'est rien / mourir la belle affaire / mais vieillir… / ô vieillir. » Quand je songe aux crises d'asthme qui ont rythmé mon adolescence, quand je me revois sur le point de trépasser, en quelques heures, avant de renaître grâce à ce don du ciel qu'est mon nouveau cœur, quand j'aperçois au loin le calicot du « Km 32 » qui me confirme que je suis en train de boucler un marathon, alors je suis bien heureux de pouvoir vieillir avant d'offrir à la camarde le plaisir d'un dessein à son égard.

Néanmoins, en parallèle, une vision me hante. Celle de Maverick dans ses jours de retraite. Comment survit-il à sa nouvelle condition ? Comment s'est-il résigné à sa seconde vie ? L'entrain qu'il nous fait partager dans son livre s'est-il tari après le drame ? Lui qui était si heureux de sillonner la planète, galopant partout avec la fougue des innocents, pour jouir des sites les plus extraordinaires. Je me souviens par exemple de son récit aux chutes du Niagara…

*

« Voilà sans doute l'un des parcours les plus époustouflants au monde. Le départ est donné côté américain – il faut montrer son passeport –, au nord de Buffalo, devant la galerie d'art Albright-Knox (pour patienter, un bon café chaud et la visite gratuite des œuvres impressionnistes et contemporaines). Puis la traversée de la frontière, par le pont de la Paix, conduit vers le Canada. Une boucle au sud propose une première promenade le long du lac Érié. Ce dernier, tout près de l'asphyxie par les algues au début des années soixante-dix en raison de la pollution, fut sauvé grâce à un plan d'urgence international. Son écosystème présente désormais près de cent cinquante espèces différentes. C'est devenu un haut lieu de la pêche.

» La beauté de la course se prolonge ensuite vers le nord grâce à la petite route qui rase la rivière Niagara, tout du long, jusqu'aux célèbres chutes. Quel bonheur de courir trente kilomètres à proximité de l'eau. Toutes sortes d'arbres, feuillus ou conifères, accompagnent la chaussée, elle-même encadrée de pelouses parfaitement taillées sur lesquelles la foulée s'enfonce dans un moelleux inattendu. Sur la gauche, les maisons typiquement américaines défilent, ouvertes à la rue, sans clôture, les voitures sagement alignées sur le côté. Leurs propriétaires, bannières étoilées de sortie, gratifient le cortège des coureurs de chaleureux saluts et encouragements.

» Surtout, quelle arrivée ! La tension monte dans le peloton. Les flots de la rivière, sur la droite, s'emballent doucement, bouillonnent peu à peu, une écume blanche irise la surface, les débris de bois en flottaison accélèrent leur folle descente. Puis le vacarme des chutes résonne au loin, impressionnant, qui impose le silence chez les coureurs. On passe l'imposant bâtiment de la compagnie électrique, qui tient davantage d'un palais de justice avec ses rangées de colonnes ioniques (à l'identique de celles de la galerie Albright-Knox, comme pour boucler la boucle). Enfin, les premières brumes apparaissent, là-bas, au-dessus de la cascade. Elles sont dues, paraît-il, à la flopée d'hôtels construits à la hâte – incongrue ligne de gratte-ciel sur la gauche – dont la présence modifierait la direction des vents. Une certitude au moins : ces vapeurs d'eau prouvent que la ligne d'arrivée n'est plus un mirage inaccessible. »

*

À Niagara Falls, Maverick achevait son vingt-troisième marathon, en octobre 1999. Auparavant, au mois de mai de la même année, il était à Prague. Pour l'an 2000, il s'élançait à Barcelone en mars, puis à Mexico en septembre. C'était son mitan de marathonien, il affichait une forme éblouissante, disputant deux épreuves par an. Avait-il déjà fomenté son projet ?

Quarante-deux marathons. Autant que de kilomètres pour chacun. Étrange, d'ailleurs, qu'il ait choisi la mesure européenne, et non les *miles*, à l'américaine. Mais vingt-six chapitres auraient peut-être été un peu courts pour un livre ? Sans oublier que l'épreuve mythique est née en Europe, entre la Grèce (Phidippidès) et la France (Coubertin). Un collègue de bureau m'a demandé l'autre jour *combien de kilomètres, ton marathon ?* quand je croyais que la distance était un acquis universel. Or, des néophytes ne voient là qu'une course un peu plus difficile que les autres, sans en connaître ni l'histoire ni les règles. Peut-être Benedict a-t-il aussi écrit son récit pour l'ouvrir, par la littérature, à un public plus large ?

Quarante-deux marathons. C'est ce qui l'aura perdu. Ses premières douleurs lombaires l'ont taquiné en mai 2007 sur la muraille de Chine. À Montréal, en fin d'année, les choses s'aggravèrent. Hong Kong, en mars 2008, fut un véritable supplice. Trois épreuves manquaient alors à son compteur. Il se força à les courir, avec à chaque fois un an d'intervalle : Waldniel en Allemagne, Parakou au Bénin, et Miami pour conclure chez lui. Là, dans une progression chaotique, malgré l'enthousiasme de ses amis et d'un public acquis à sa cause, il termina sur les rotules. Au sens propre du terme.

Pour juguler la double hernie discale qui le frappait, Maverick fut opéré d'urgence au Mount Sinai Medical Center, sur Alton Road à South Beach, l'un des hôpitaux les plus réputés au monde pour les interventions dorsales. Hélas, il était déjà trop tard. La moelle épinière, abîmée, ne commanderait plus jamais les deux jambes.

Depuis, Benedict se déplace en fauteuil roulant.

Km 33

Quelle grande ville, aujourd'hui, n'organise pas son marathon ? La demande est là. Le nombre de participants, partout, augmente chaque année. À tel point que certaines épreuves instaurent des quotas, des loteries, des listes d'attente, des dates limites d'inscription. Nous sommes cinquante mille en ce beau dimanche parisien, dont plus de quatre-vingt-dix-huit pour cent de non-professionnels. Au-delà d'*une* mode, courir est devenu pour de nombreux amateurs *un* mode de vie. Un besoin. Se sentir bien dans son corps, effacer les coups durs de l'existence par l'exercice. S'offrir un anti-burn out à bon compte.

Les Californiens ont été à l'origine de cette déferlante planétaire, à la fin des années soixante. Le culte du bien-être physique, une relation de complicité entre la pensée et l'organisme, la volonté du lâcher-prise, la proximité avec la nature que l'on parcourt à son rythme. Le phénomène a drainé, peu à peu, des centaines, des milliers, et (maintenant) des millions de gens. En France, les courses hors stade ont pris leur essor à cette époque-là, au grand dam des instances de l'athlétisme qui se voyaient perdre le contrôle de leur sport. En 1971, à Neuf-Brisach en Alsace, le seul et unique marathon « ouvert à tous » à l'époque attirait des fondus du macadam venus de tous les pays ; une marque par kilomètre et un chronométreur tous les cinq pour crier le temps aux participants.

Puis les pionnières – désormais des références – se multiplièrent : la Marvejols-Mende, le Paris-Versailles, la SaintéLyon, le marathon de l'Essonne suivi de celui de Paris, ou encore les 100 km de Millau à propos desquels le journaliste du *Monde*, Raymond Pointu, écrivit en 1973 : « Dans le regard des enfants persistait, longtemps après la dernière arrivée, une lueur d'émerveillement. C'est ainsi, plus qu'à travers les récits rabâchés des faits et gestes de quelques vedettes désenchantées, qu'on peut supposer que s'implante un sport. » Cette belle définition est rapportée par l'écrivain et coureur Michel Volkovitch, qui avoue dans *Cours toujours* avoir été « emporté comme des dizaines de milliers d'autres par ce mouvement démocratique et paisiblement libertaire ». Selon le ministère des Sports, nous serions aujourd'hui plus de huit millions de Français à courir régulièrement ! Ainsi que l'écrivait le journal *L'Équipe* en avril 2014 : « Le running ne s'essouffle pas. »

Mais la médaille a ses revers. La course à pied pour tous – dont le marathon représente à la fois le Graal et l'épouvantail – induit une industrie éloignée de l'esprit de ses inventeurs. S'équiper réclame de petites fortunes, s'inscrire coûte cher, voyager incite à la dépense. Sans parler des livres, revues, et sites qui vendent les recettes miraculeuses pour (bien) finir : meilleur régime, technique de préparation idéale, plans d'entraînement rigoureux. Emy et moi avons déchiffré plusieurs de ces calendriers types, sur quatre, huit, ou douze semaines. En définitive, compte tenu de ma situation particulière, mon coach privé m'a concocté un régime sur du long terme, avec un *joglog*[1] personnalisé.

Un an de travail, surtout de l'endurance : des sorties d'au moins une heure à petite vitesse. Ainsi, pendant six mois, ai-je couru une douzaine de kilomètres trois à quatre fois par semaine, dont une séance à l'allure visée le jour J (dix kilomètres par heure en ce qui me concerne). Depuis l'automne dernier, nous avons rajouté du « fractionné ». Ce sont des petites accélérations, sur cinquante, cent, deux cents, ou six cents mètres, pour habituer le cœur à « des vitesses plus importantes que d'ordinaire et améliorer progressivement ses performances », selon la définition de Mathieu Le Maux dans *Le Dico du running*. Enfin, durant les derniers mois, l'une des séances d'endurance s'est étirée jusqu'à atteindre vingt-cinq kilomètres, et même une fois trente. Trente bornes. C'était début mars. Je n'aurais jamais cru pouvoir franchir une telle étape. Or ce n'était qu'une étape.

Voilà donc un quart d'heure que je m'aventure en terre inconnue. Au-delà des trente. La fébrilité me gagne en même temps que la fatigue. Je sens que l'énergie

1. Carnet d'entraînement.

n'est plus celle du début. Je crains de devoir sous peu affronter le maudit « mur ». Un moment clé que Maverick, lui, a fini par dompter…

*

« L'intérêt de la course à pied réside dans l'absence de compétition, sinon contre soi. Pour qui veut se frotter à un adversaire réel, il y a pléthore de disciplines : tennis, boxe, football, judo, etc. Ici, excepté les leaders qui visent le podium, on est solidaire davantage que concurrent. Tout le monde court dans le même sens. C'est déjà un signe, non ? Lisons plutôt Jean Prévost : "Si le coureur, au lieu de s'attacher, de s'asservir à l'adversaire pour répondre à son effort, ne cherchait dans les concours qu'à obtenir son meilleur temps par une allure régulière, il vaincrait plus souvent les autres et lui-même." Bien sûr les vitesses varient. Nul ne dispose de la même condition physique, n'a subi une préparation similaire, ne possède un mental identique. Ici, dépasser un autre sert, avant tout, à se dépasser soi-même.

» Pourquoi courir le marathon à Tromsø, en Norvège ? Pour l'expérience unique d'un événement, au-delà du Cercle polaire, à une température garantie assez basse. À cause du soleil de minuit qui, en juin, irradie de sa clarté une nuit jamais noire, autre moment extraordinaire dans une vie. Parce que ces deux premières raisons conjuguées deviennent la troisième : un moteur pour enjamber le mur du trentième kilomètre sans trop souffrir.

» Explication. Première raison, physique : le froid. D'abord obstacle initiatique, il devient vite le meilleur ami du coureur. Le corps ne monte jamais trop en température. Les poumons ne s'enflamment pas. À aucun moment, les muscles ne finissent tétanisés. Bien sûr, pas un glacial moins quinze. Dix degrés suffisent, comme c'est le cas en moyenne à Tromsø (baigné par le Gulf Stream). Deuxième raison, psychologique : le soleil. Il décline à l'horizon, donne l'impression de sombrer derrière la terre mais, sans forcer, vainc tous les monstres et mystères de la nuit pour se redresser fièrement puis rayonner à nouveau. À son image, le coureur se doit de ne pas céder. Oui la fatigue est là, le sang bout, les joues cuisent, le cœur cogne. Mais si le soleil réussit à repartir, alors le coureur le peut aussi ! Quitte à se marteler la phrase de Moriarty dans *Plus vite que son ombre* : "Ceux qui n'abandonnent pas ne sont jamais vaincus." Courir sollicite autant la tête que les jambes.

» Ici, en Norvège, rares sont les étrangers à s'imposer, d'autant que les inscrits sont en majorité des Sami. Ils sont chez eux, imprégnés de ces clartés sans fin aux couleurs hallucinantes. C'est un marathon inoubliable. Départ en début de soirée, parcours en permanence à portée de regard du fjord, passage vers le dixième kilomètre en bout de piste de l'aéroport qui donnerait presque envie de prendre son envol vers un ciel plus proche que nulle part ailleurs. Bref, une nuit dans laquelle on court sans appréhension, jusqu'au bout sans défaillir. »

*

Sacré Benedict ! Plus facile à écrire qu'à éprouver. Ses métaphores autour du soleil de minuit sont bien gentilles. Peut-être lui ont-elles permis de ne pas ressentir l'asthénie du trentième, de ne pas exploser, de ne pas buter face au mur qui se dresse sans prévenir. Visiblement, le soleil de minuit lui a insufflé le courage de poursuivre malgré l'épuisement. Moi, par contre, je sens que je ne vais pas y échapper.

Devrai-je requérir, au panneau « Km 33 » qui se profile sur la gauche, à l'entrée du Bois de Boulogne, un médecin de toute urgence ? J'espère que non. Mais le coup de pompe me rattrape. C'est sûr.

Aïe. Voici l'instant le plus redouté de la course.

Km 34

Cela survient sans signe avant-coureur. Sans crier gare. D'un seul coup. Le menhir d'Obélix qui vous engloutit tout entier. En moins de cent mètres, les dernières ambitions s'évanouissent. Je me sens comme la jeune femme qui sert de fil conducteur dans *À quoi pensent les marathoniens ?* : « Son être n'est plus qu'un champ de bataille intérieur. »

Tout part des jambes. Elles tirent de plus en plus. Perdent leur souplesse. J'ai du mal à décoller les semelles. Le pied s'écrase en oubliant son amorti. Les foulées deviennent dures, heurtées. Je ne parviens plus à monter le genou. Je cours presque jambes tendues. Le corps refuse de se soulever. Fini le style aérien et dégagé du mi-parcours. Le mollet, lourd comme un âne mort, n'en peut plus, n'en veut plus. Ce n'est pas une sensation de crampe. Plutôt un raidissement général. La tension descend jusqu'aux orteils qui, l'air de rien, s'ankylosent. Un picotement remonte alors le long des tibias, des tendons, des quadriceps, des fesses.

J'ai la certitude à présent de forcer sur la machine. La maintenir en activité requiert une énergie considérable. Pour entraîner le bas, je sollicite davantage le haut. Dérisoire compensation. Les bras, afin de soutenir le rythme, se crispent et tractent des épaules trop rigides. Dans le dos, je comprime les trapèzes et ramène les omoplates vers l'arrière. Sous la nuque tendue, je gonfle un cou de taureau. La tête me tourne comme si je progressais dans le noir sans plus rien repérer. Le brouillard s'épaissit, éloignant les notions de temps et de lieu.

Je panique pour mon cœur. Un coup d'œil à la montre poignet me rassure : le pouls bat à 156. Je ne suis plus en eaux tout à fait calmes, mais il n'y a pas encore d'avis de tempête. Pourtant, je manque d'air. Que se passe-t-il ? Ma poitrine réclame de l'oxygène. J'en cherche un maximum en ouvrant une gueule béante. Rien n'y fait. Ce n'est plus un souffle que je produis, mais un halètement. Pénible sensation de mes anciennes crises d'asthme. La respiration s'accélère. Je vais exploser. J'ai beau m'appliquer, alterner inspi-expi en 2-3, 3-3, ou 2-4, mes poumons en surchauffe lancent des signaux de détresse. Je cours, oui, mais à l'asphyxie. Stop. Impossible de faire un pas de plus sous peine de m'affaler sur le bitume.

Une seule option désormais. Je le sais. J'enrage. Je veux la repousser. L'éviter. Pourtant, je m'y résous.

La mort dans l'âme, je m'arrête.

Ce qui, d'ailleurs, n'est pas la réalité. Le passage brutal d'un état à l'autre briserait l'organisme. J'entame plutôt une marche, hébétée, qui permet de récupérer un peu de souffle et de détendre les membres inférieurs. Je me calme pas à pas. Tant le corps que les pensées. Car ça bouillonne aussi dans le cerveau. À vrai dire, depuis que j'ai quitté Rafaël, je commençais à en avoir marre. Il me tardait d'arriver. Boucler ce putain de marathon. L'entrain des deux premières heures m'abandonnait peu à peu.

Et là, je craque !

Bon sang ! Moins de dix bornes à couvrir. Huit, pour être exact. Ce n'est rien. Pipi de chat. Sortie du matin pour lancer sa journée. Les achèverai-je seulement, ces huit-là ?

Tout en marchant, je saisis une pâte de fruits dans ma poche, et la mâche consciencieusement en recouvrant mes esprits. Je décide de positiver. Ne pas abandonner. Cinq minutes de récupération, et ce sera un nouveau départ. Plus motivé que jamais. La tête redressée, je décontracte l'ensemble de la chaîne musculaire et je retrouve un rythme cardiaque apaisé. J'en profite pour savourer cette promenade forcée entre les beaux quartiers de Boulogne et le bois du même nom. Cette fois-ci, je vois très bien où je me trouve…

Avant d'être un rendez-vous international de tennis, Roland Garros était un homme, un aviateur, fils d'un avocat réunionnais installé en Cochinchine. La première traversée aérienne de la Méditerranée, à la veille de la guerre de quatorze, le fit entrer dans la postérité. Alors que je contourne le stade qui porte son nom, près de la porte d'Auteuil, j'éprouve une certaine sympathie envers ce type hors du commun. Pas pour son aventure de pionnier de l'aéronautique, qui lui valut l'amitié de Cocteau. Ni en raison de ses exploits militaires, quand il inaugurait de manière victorieuse les monoplaces équipés d'une mitrailleuse à travers l'hélice. Pas davantage après son évasion d'Allemagne – sa captivité remontait à une panne moteur l'ayant obligé à atterrir derrière les lignes ennemies –, évasion dont Jean Renoir tira le personnage de Boëldieu dans *La Grande Illusion*. Non, si ce garçon me plaît, c'est parce que, lui aussi, dut son salut au sport.

Débarqué en France à l'âge de douze ans pour y faire ses humanités, le voilà foudroyé par une grave pneumonie. La direction du prestigieux collège Stanislas, où il venait d'entrer en sixième, l'envoya aussitôt dans son annexe de Cannes. Là, ce ne fut pas le soleil méditerranéen qui lui fit recouvrer la santé, ni la frappe dans une petite balle au moyen d'une raquette, ni une cure médicale d'aucune sorte, mais son coup de pédale à travers les routes de l'arrière-pays. Un an de vélo, et le futur as des airs pouvait reprendre un cursus scolaire normal. Son ami, l'écrivain Jacques Mortane, en conclut : « La petite reine a réussi là où la faculté a échoué. »

Autrement dit, en 1900 déjà, pratiquer un exercice avec modération et régularité repoussait les frontières de la maladie. Oliver, le président de l'association au profit de laquelle je cours, aurait dû offrir la biographie de Roland Garros à son cardiologue réticent

– il y a moins de trente ans – devant l'exercice physique.

Paradoxalement, un certificat médical est devenu le sésame obligatoire pour prendre part à la moindre épreuve, même sur courte distance. Dans *Autorisation de pratiquer la course à pied*, l'écrivain Franck Courtès évoque la mauvaise conscience du docteur qui vient de délivrer le précieux document à sa patiente : « Avec le printemps qui approchait, il donnait une douzaine de ces certificats par semaine. Il n'avait pas fait médecine pour autoriser les gens bien portants à aller se faire du mal. »

De fait, quelle valeur accorder à ce bout de papier ? L'interrogation paraît légitime. Une personne, examinée en excellente forme par un médecin le matin, peut très bien succomber à une crise cardiaque la nuit suivante dans son lit. Un de mes deux grands-pères est mort de cette façon, à soixante ans, parti sans souffrir presque le sourire aux lèvres. Il a juste eu le temps de réveiller sa femme pour lui signaler qu'il avait un peu chaud, et lui réclamer un oreiller. Alors ? Question d'assurances ? Sans doute. Il n'empêche, pour quarante-deux kilomètres, il est plus prudent de savoir où en est le palpitant. Un test de Ruffier Dickson (trente flexions pour surveiller la montée des pulsations ainsi que le retour au repos) est le minimum. Mieux, on peut procéder à une épreuve d'effort, sur tapis.

Pour un greffé, la réalité est beaucoup plus complexe vu le nombre de médicaments ingurgités (bêta-bloquants, antihypertenseurs, immunosuppresseurs, vasodilatateurs, cortisone éventuelle, etc.). Certains figurent sur la liste des produits interdits. Cette remarque vaut davantage pour une transplantation de rein, organe chimique, où le réglage nécessite parfois jusqu'à plus de trente pilules quotidiennes, que pour une greffe du cœur, organe mécanique. Personnellement, je ne prends que des immunodépresseurs et de la cortisone. Il n'empêche, pour s'aligner au départ, une autorisation d'usage à des fins thérapeutiques (AUT) est nécessaire. Démarche très codifiée, paperassière, à mener auprès de l'Agence française de lutte contre le dopage ; seul un collège de plusieurs médecins indépendants peut la délivrer. Je l'ai obtenue. D'autant que ma participation s'effectue dans des conditions idéales. Alain, le chirurgien qui a implanté mon nouveau cœur, suit ma progression à distance, minute par minute depuis une tente à l'arrivée ; après toutes ces années, il est devenu un ami. En plus du cardiofréquencemètre qui envoie les pulsations vers ma montre, je suis bardé d'électrodes et de capteurs pour enregistrer le moindre de mes écarts et les transmettre à l'ordinateur d'Alain grâce au téléphone portable ancré à ma ceinture.

J'imagine sa tête, en ce moment. Les données scientifiques ont trahi ma faiblesse. Il sait que je marche, que je passe le trente-quatrième kilomètre à un train de (vieux) sénateur. Sans doute s'inquiète-t-il ? A-t-il appelé Emy ? A-t-il alerté les organisateurs ? Rien qu'à cette idée, je frissonne.

Pour lui, pour toutes les équipes médicales, pour Manon qui m'attend au prochain calicot, pour mon donneur inconnu et béni, pour moi, par fierté et orgueil, je ne peux pas lâcher l'affaire.

Je dois redémarrer.

Km 35

C'était donc cela, le « mur » du marathonien. Tomber en panne « comme une voiture ayant roulé sans assez d'essence », selon la formule de Murakami. Une rupture à la fois brutale (impossible d'aller plus loin) mais en douceur (la marche apaise en quelques minutes). Après avoir lu tellement de récits de course, je m'y attendais. Il n'empêche, je n'ai rien vu venir.

Par bonheur, je n'avais pas atteint la description d'Alain Giraudo dans *Les Tournants de la gloire* : « Un forçat épuisé de tirer son boulet, un supplicié marchant sur des chairs à vif » avec une nuque devenue « une masse de matière inerte, visqueuse, qui s'apprêtait à dégouliner lentement le long de la colonne vertébrale. » J'approchais tout de même celle de Pierre Naudin dans *Les Dernières Foulées* : « Le sang poussait ses giclées dans sa tête ; une douleur pétillante s'en prenait à ses paupières ; ses mâchoires s'étaient alourdies. »

Chaque coureur redoute ce moment-là. Il le raconte avec, perceptibles dans la voix, une réelle angoisse avant le départ et de faux trémolos après l'arrivée. Dès lors, avoir escaladé le « mur du trentième » devient l'heure de gloire de l'amateur. Encore plus parmi ceux qui ne termineront pas en moins de 4 heures. Ils sont là, autour de moi, comme moi. On s'encourage par des œillades. Inutile de se parler. Nous savons exactement ce que nous valons. Ce que nous voulons. Aller au bout. Même si « la fatigue et l'angoisse cognent à coups de hache dans ce buisson d'athlètes qui grince et gémit », ainsi que le décrit si bien André Obey dans *L'Orgue du stade*.

Une deuxième barre fruitée dans l'estomac, quelques raisins secs ainsi que deux quartiers d'orange grappillés au ravitaillement permettent de relancer le moteur. D'abord en trottinant, ce qui serait l'origine même de l'exercice, à en croire le linguiste Alain Rey qui le rattache au verbe anglais *to jog* (être secoué de bas en haut, sautiller). Pour être secoué, je l'ai été ! Mais je retrouve de bonnes sensations. Celles qui engendrent l'espoir, le courage, celles qui forgent les réussites. À l'écoute de chaque organe, j'accélère progressivement. Les jambes sorties de l'enfer apprivoisent à nouveau le pavé. Le mollet reste encore un brin ferme. La cuisse, elle, s'est assouplie. Les chevilles déroulent, pour l'instant, sans accroc. Me voici redevenu petit automate dont la clé, tournée à fond pour remonter le ressort, ouvre les portes sinon du paradis au moins de l'ultime tronçon avant la délivrance.

Dans moins de cinq cents mètres, Manon m'attend. Je ne décevrai pas son enthousiasme. J'arriverai face à elle frais comme une rose. Quelle prétention ! Enfin, je le souhaite. Pour cela, je puise dans les stocks d'énergie. Glycogènes, acides gras, graisses de réserve. Peu importe où elles se dissimulent, je vais aller traquer les calories une à une, partout. C'est dur, mais j'y parviendrai.

J'y accède déjà. Travail dans le souffle. Foulée tempérée. Relâchement total de la tête aux pieds. Une part d'humanité orientale vient à ma rescousse, merci le yoga.

Le mental surtout accompagne ma renaissance. Force de la visualisation : je m'imagine, bras levés, coupant la ligne finale. Bain émotionnel de souvenirs heureux : tel un phare salvateur, la lumière du Sud Maroc enveloppant les heures merveilleuses à Marrakech éclaire mes efforts. Marrakech. Maverick aussi y a succombé…

*

« La mer à moins de 3 heures, les dunes d'un désert orange à portée de la ville, l'Atlas au-dessus de l'horizon. Quelle autre ville que Marrakech offre un tel panorama ? L'amateur de cinéma plongera vers Ouarzazate ; celui de décors naturels irréels traversera les vallées du Dades et du Drâa. Le passionné de murailles arpentera les fortifications d'Essaouira, l'ancienne Mogador ; celui d'agriculture apprendra les arganiers, que les chèvres prennent d'assaut. Le montagnard contemplatif jouira d'un thé dans un village berbère de la vallée d'Asni ; le skieur invétéré tentera sa chance sur les pentes du mont Toubkal, à plus de quatre mille mètres. Oui, le choix est large pour qui désire compléter un week-end sportif.

» Quant au marathon, c'est un enchantement du début à la fin. Départ et arrivée au pied de la Koutoubia, dite "Mosquée des Libraires" parce qu'après son érection au XIIe siècle, elle se trouvait au milieu du souk des marchands de manuscrits (joli signe du destin pour un écrivain). La Ménara, paisible jardin d'oliviers près de l'aéroport, à l'écart du tumulte de la place Jemaa el-Fna, est en général un agréable lieu de promenade pour les amoureux ; pour les coureurs aussi, le long du bassin alimenté par les eaux de l'Atlas depuis plusieurs siècles grâce à un ingénieux système hydraulique.

» Viennent ensuite l'oliveraie urbaine, les jardins de l'Agdal, avant de remonter vers le golf et la Palmeraie. Cette dernière – millénaire puisque plantée sous la dynastie des Almoravides – rassemble cent mille arbres sur treize mille hectares ! D'habitude, la visite s'effectue en fiacre, mais la traverser à allure d'homme s'avère un bonheur (surtout celui de profiter de l'ombre des palmiers). Contour enfin de la ville par la partie moderne, vers Guéliz, avant une arrivée magique face à l'ocre des remparts. »

*

Maverick a aimé Marrakech. Moi aussi. Nous y avons vécu un deuxième voyage de noces de rêve, dans un hôtel de luxe de la Palmeraie, avec Manon. En sa compagnie, j'apprenais alors à revivre. Je courais déjà, suivant les bons conseils d'Oliver, et prenais un plaisir de plus en plus gourmand à allonger ma foulée sous l'alignement des arbres. Une certaine volupté me gagnait peu à peu, celle de m'accaparer les terrains où je déposais les pieds.

Peut-être d'ailleurs est-ce là-bas qu'est née l'idée un peu folle de participer à un marathon ? Arnold, le héros de *Monsieur Spitzweg s'échappe* de Philippe Delerm, semble avoir ressenti la même chose au gré des rues de Paris : « Et voilà que ces quarante-deux kilomètres, d'impossibles, devenaient un objectif envisageable. »

Et là, j'y suis. Pour de vrai. Quarante-deux kilomètres. La distance me pèse à présent. Pourtant j'avance. Je continue de les avaler, en les digérant un peu moins bien, certes. Mais j'ai repris ma fuite en avant, à l'attaque des tout derniers. L'objectif est presque atteint. Au loin se profile le numéro trente-cinq. Il en restera sept. À la fois si peu et tant.

Manon m'y attend. Au moins, m'insufflera-t-elle cette part d'énergie qui m'a fait défaut. Je l'espère en tout cas. J'éprouve le besoin de la voir, de la toucher. Je la cherche du regard, devine un point corail dans le public près du panneau. La tache s'élargit. Oui, c'est elle ! Je la reconnais à présent.

Mon cœur s'emballe à nouveau un peu. Mais c'est par amour.

Km 36

« *Amour Joli.* J'ai besoin de toi. J'ai craqué, au trente-quatre. J'ai dû marcher. Au moins cinq minutes, je ne me suis pas rendu compte, j'ai pas chronométré. Le mur. Tu vois. Je crois que c'était ça. Je ne sais pas si… »

Manon appuie un doigt sur mes lèvres pour juguler le flot de paroles que j'ai besoin de libérer.

« Calme-toi chéri. Tout va bien. Souffle. Pose-toi deux secondes. Tiens, voilà de l'eau. Bois un peu. »

Après m'avoir tendu une bouteille, elle passe la main dans mes cheveux mouillés, masse ma nuque et insiste sur les épaules. Ses doigts sont si doux sur mes muscles noueux. Elle dépose un délicat baiser sur mon front :

« Phil, je t'ai vu courir depuis le virage, là-bas. C'est donc que tu as franchi l'obstacle. Je te trouve encore très vaillant.

— Si seulement… J'ai tellement peur… C'était le vide… Je ne voudrais pas que ça recommence.

— Ne t'inquiète pas. Tu te souviens notre pacte ?

— Oui, bien sûr. Vivre chaque instant à fond. Prendre les choses comme elles arrivent. Ne pas paniquer.

Ne pas forcer. Ne pas hésiter à abandonner si nécessaire.

— Mais tu n'abandonneras pas. Tel que je te vois en face de moi, j'en ai la certitude. Même si tu finis en marchant, ce ne sera pas dramatique. Je t'aimerai toujours.

— Manon, sans toi, je ne serais plus là.

— Ne dis pas de bêtise, si tu vis encore, c'est d'abord grâce à toi, et à ton donneur ! Alain, Emy, les autres et moi, nous t'avons juste accompagné.

— Manon a raison, enchaîne Emy. Depuis l'opération tu as démontré tant d'obstination que nous n'avons aucun doute sur ta réussite.

— Alain n'était pas inquiet ?

— Non, rassure-toi. Il m'a appelée en me signalant que ton pouls était redescendu pendant un moment. On en a conclu que tu avais marché un peu. Ce n'est pas grave. Tu vas repartir, à ton rythme. Si tu peux courir, tu cours. Si tu dois marcher, tu marches. Si tu ne te sens pas bien, tu jettes l'éponge. Tu n'as rien à prouver. Tu n'as aucune honte à avoir. OK ?

— OK !

— Pense surtout à bien respirer. Ne jamais t'emballer. Allez ! Tu vas y arriver.

— Emy et moi, on va remonter à pied jusqu'à l'avenue Foch, reprend Manon. Nous allons rejoindre Rafaël. On t'attendra près de la ligne d'arrivée. Je t'aime. »

J'embrasse Manon sur la bouche. En évitant de trop la mouiller. Cela nous fait rire. Je prends la bouteille d'eau sucrée et les nouvelles pâtes de fruits qu'elle me tend. Me voilà relancé, avec une pêche d'enfer.

Chez un greffé, deux types de comportement prévalent. S'enfoncer dans une attente morbide, par peur panique du rejet, de l'accident, des complications ; ne plus rien entreprendre, n'exister que par l'« aura » du greffé ; être différent, posséder l'organe d'un autre, se suffire de ce statut. Ou bien jouir de la vie jusqu'à l'excès, se donner toutes les chances d'avancer, de découvrir, de partager ; ne pas se laisser abattre, conquérir chaque jour de nouveaux territoires. J'appartiens, je crois, à la seconde catégorie. Et j'aime à répéter la maxime de Confucius : « On a deux vies, la deuxième commence le jour où l'on se rend compte qu'on en a qu'une. »

Je me sens fortifié, non pas parce que j'emprunte à présent l'allée des Fortifications, mais parce que la pause auprès de Manon m'a regonflé à bloc. Certains, devant moi, sont dans un état moins enviable. J'en vois qui marchent en boitant. D'autres, sur le côté, tentent vainement d'étirer leurs mollets durcis. Un jeune gars est carrément assis au pied d'un arbre, les yeux dans le vague. Le sort d'un monsieur plus âgé est-il joué, alors qu'il vomit derrière un buisson ? Pour ma part, je cours encore. Sans doute moins vite qu'au début. Toutefois, je maintiens ma dynamique. Régulière. Je double même des concurrents qui ont ralenti.

Et puis il en est qui forcent le respect. Cette femme, par exemple, à la hauteur de laquelle j'arrive. Harnachée comme un baudet, elle supporte aussi des capteurs, des électrodes, des boîtiers, deux téléphones. Son index gauche est prisonnier d'une pince qui mesure en permanence sa tension. Le pire : sur son visage un masque, tenu par des élastiques derrière les oreilles, lui recouvre entièrement le nez, la bouche, et se prolonge par de fins tuyaux. L'appareillage est destiné à enregistrer les flux de ventilation, entre oxygène absorbé et gaz carbonique rejeté.

Cette femme n'est pas malade ! Je l'ai croisée au départ, sous les tentes médicales. Elle est l'un des douze volontaires du professeur Véronique Billat, scientifique de haut niveau qui dirige l'unité de biologie intégrative des adaptations à l'exercice, à l'université d'Évry. Ses études cherchent à comprendre comment le corps fonctionne sur le long terme dans des conditions extrêmes (marathon, alpinisme, sportifs professionnels) pour en tirer des conclusions utiles à monsieur tout le monde. Ainsi, ses tests ont-ils démontré que même à une faible allure, au-delà de trois heures d'effort, le corps est en permanence à près de cent pour cent de sa consommation maximum d'oxygène. Surtout, plus le temps passe, plus la dépense d'énergie s'accroît, avec un débit sanguin (efficacité cardiaque) en augmentation. D'où un risque important sans entraînement en conséquence. Bref, courir un marathon ne peut en aucun cas être un caprice de dernière minute.

De manière assez drôle, ce masque me rappelle ceux qui trônent parfois sur le visage des touristes japonais, près du Sacré-Cœur ou sur les Champs-Elysées. Au Japon, court-on affublé de la sorte ?...

*

« Depuis le XIIe siècle, les guerriers japonais pratiquent le kendo (escrime), le jujitsu (judo), ou le kyudo (tir à l'arc). Plus ancien encore est le sumo, discipline nationale qui remonte à deux mille ans. Au pays du Soleil-Levant, les sports sont considérés comme un passe-temps sain qui inculque la rigueur, façonne le caractère, développe la loyauté – un jour férié leur est même dédié en octobre –, et ils sont appréciés aussi bien des participants que des spectateurs. Sur un parcours de marathon, la foule est donc nombreuse à lancer des *gambatte* : "Fais de ton mieux !"

» La course à pied appartient à toutes ces disciplines occidentales adoptées par les Japonais, par exemple le base-ball importé par les Américains en 1872, ou plus récemment le football. L'une des institutions en la matière reste le marathon de Fukuoka, qui tient du mythe pour tout jogger nippon. Il fut créé en 1947 après la capitulation et les deux bombardements atomiques, afin de construire l'avenir tout en renouant avec la tradition.

» Ainsi, chaque premier dimanche de décembre, des milliers d'amateurs s'élancent pour un parcours immuable qui s'achève en aller-retour le long de la baie de Hakata, face à la Corée du Sud sur l'île de Kyushu au sud de l'archipel. Aucune difficulté particulière sur ce tracé extrêmement plat gagné à quatre reprises par le local Seko Toshihiko, jamais plus de dix mètres de dénivelé, et un enthousiasme populaire très fort, porté ce jour-là – année du soixantième anniversaire – par la victoire d'une légende, l'immense Haile Gebreselassié, celui-là même qui proférait : "Un jour sans courir n'en est pas un." »

*

Maverick a couru Fukuoka en 2006, l'année suivante il allait commencer à souffrir du dos, sur la muraille de Chine. En tout cas, à aucun moment dans le chapitre consacré à son expédition nippone, il ne fait allusion à un masque porté par les coureurs ! Peut-être le marathon a-t-il pour les Japonais, ainsi que le prétend Bernard Chambaz, « rapport avec le shintoïsme quant à la place de l'homme dans la nature » ?

Et, à propos de nature, au bout de la rue, juste après avoir franchi le kilomètre trente-six, la ligne bleue prend un virage à quatre-vingt-dix degrés sur la gauche pour s'enfoncer dans le bois de Boulogne.

Ça sent la fin…

Km 37

Lorsqu'elles ne sont pas pédestres, les courses peuvent être équestres. Cette pensée surgit alors que je contourne par la droite l'hippodrome d'Auteuil dont l'unique spécialité est l'obstacle, la haie, le steeple-chase. Ici même se disputera dans un mois l'épreuve phare du genre, le Grand Steeple de Paris, sur six mille mètres. Exactement la distance qui me reste à parcourir jusqu'à l'arche gonflée avenue Foch. Étonnant non ? Mais je crains que les obstacles ne manquent pas d'ici là.

Je devrais me relâcher un peu. Je surveille trop, je crois, la raideur de mes tendons, la tension de mes jumeaux, la régularité de mon souffle, la souplesse de mes chevilles, la contraction de mes épaules, le tic-tac de mon cœur. Au moins, celui-là ne se fait pas remarquer, tant mieux !

En réalité, je prends seulement conscience que j'ahanais davantage en tout début de course, à l'inverse d'un coureur valide. Rien d'étrange, mon nouvel organe n'est pas innervé. Il bat plus vite au repos, réagit plus lentement en cas d'exercice physique, car il s'adapte à l'effort par des mécanismes hormonaux. En clair, les informations lui parviennent de manière chimique et non neurologique, ce qui créé un décalage entre le moment où la puissance est sollicitée dans les muscles et celui où la pompe cardiaque répond à cette demande par un apport d'oxygène. C'est pourquoi par exemple le trail, en pleine nature avec une alternance d'ascensions et de pentes successives, n'est pas très recommandé. Cela dit, même ici, ma grande hantise demeure que le cœur, mal renseigné, ne réagisse pas assez vite et que toute la machinerie s'enraye.

Bon, jusque-là tout se passe plutôt bien. J'avoue que je le bichonne, ce greffon qui me permet d'exister. Je pense sans cesse à son ancien propriétaire, à qui je parle beaucoup, intérieurement. De plus en plus depuis la mi-course. Un dialogue silencieux s'est établi entre nous. Il m'accompagne dans mes efforts, je l'interpelle dans mes pensées. Ce type (ou cette nana) est devenu une sorte de dieu à qui j'adresse des prières. De temps à autre, par gros temps quand la souffrance monte doucement, je formule même les mots à haute voix : « Oh ! Là ! Tu me laisses pas tomber, hein ? On y va. On va tenir jusqu'au bout. Promis. On va le finir, ensemble. Ensemble, Tu entends ! Tous les deux. Je fais ça pour Toi. N'aie pas peur. Tu vas le boucler, Toi aussi, Ton premier marathon. D'accord ? » Quelques regards en biais me confirment que j'ai dû élever un peu trop le ton. On doit me prendre pour un fou, qui marmonne dans sa barbe. Peu importe. La présence de cet Autre m'est indispensable. Elle s'inscrit à part entière dans mon énergie.

Oui, après mon coup de mou tout à l'heure, j'ai repris un peu d'allant. Bien sûr tout devient plus difficile. Le corps pèse une tonne, les jambes sonnent comme des cannes en bois, la tête chauffe et pas seulement en raison du soleil de la mi-journée (il est déjà midi et demi), l'estomac hésite entre gargouiller gentiment ou sonner l'hallali en tirant violemment, les hanches épuisées de leur rotation à chaque foulée crient au secours, les pieds gonflés vont faire exploser les chaussures, même les bras se raidissent dangereusement. Mais le tout continue de progresser, à son petit rythme.

Tout à ma joie de me constater encore debout, je ne remarque pas immédiatement l'agitation quelques dizaines de mètres en avant. Mais plus je m'approche, plus cette scène glace mon enthousiasme. Une femme, blanche comme un linge, est allongée au coin d'un carrefour. Ses yeux vitreux s'ouvrent vers le ciel bleu, au-dessus d'elle. Deux coureurs, penchés sur son buste, tentent de lui faire recouvrer ses esprits. Le premier tape ses joues pour lui éviter de sombrer dans un évanouissement de mauvais augure. Le second s'affaire autour de son poignet et vérifie le pouls, il a l'air rassuré. Au loin, la sirène d'une ambulance de la Croix-Rouge se rapproche. J'espère que cette concurrente n'est victime que d'un coup de chaud.

Pas comme le malheureux qu'a vu Maverick, à Berlin…

*

« Il est tellement plus aisé d'ériger des murs que de bâtir des ponts. L'homme replié sur lui-même est une posture universelle, qui reviendra bientôt dans le concert des Nations, pour sûr. Tendre la main, s'ouvrir à l'autre, voilà une démarche qui exige courage et intelligence. Huit ans après la chute du Mur, les plaques de béton sillonnent encore la ville par endroits, mais ne dessinent plus aucune frontière. Quant à la porte de Brandebourg, aux allures d'Acropole athénienne, elle s'ouvre exceptionnellement aux coureurs qui s'y glissent avec allégresse, juste après le départ donné sur la rue du 17 juin. Cette grande artère – qui doit son nom à la répression sanglante de 1953 en Allemagne de l'Est – servit de piste d'atterrissage à la fin de la Guerre lorsque les aéroports berlinois étaient hors d'usage. Ici, les marathoniens prennent leur envol.

» Côté oriental de la porte, dans la direction où regarde le quadrige, s'étire Unter den Linden, la grande avenue impériale bordée de part et d'autre par l'austère et imposante ambassade de Russie, par l'université Humboldt où les livres brûlaient facilement durant le Troisième Reich, par le mémorial devant lequel les soldats d'honneur de la RDA menaient une relève de garde au pas de l'oie, et par les musées qui auraient bien besoin d'un toilettage. Puis le parcours contourne

Alex[1] et sa boule suspendue en l'air en guise de tour de télévision ; évite l'ancien no man's land de la Potsdamer Platz, dont le chantier géant présage qu'elle deviendra un temple de la consommation ; s'enfonce vers Kreuzberg, quartier déshérité de Berlin-Ouest, devenu fief de la communauté turque ; coule vers le sud et ses résidences plus chics pour s'achever sur le Ku'Damm, qualifié de manière présomptueuse durant la guerre froide de "Champs-Élysées" berlinois. Rarement une ville aura porté un tel poids de l'histoire, à lire à livre ouvert au fil des kilomètres.

» Mais au dix-septième, c'est la fin de son histoire qui s'écrit pour un quadragénaire de Hanovre, affalé sur le sol après un infarctus. Les premiers secours constatent l'arrêt cardiaque, des médecins accourent trois minutes plus tard, un défibrillateur relance l'horloge vitale, l'homme est transporté dans le coma vers l'hôpital le plus proche. Est-il mort ? »

*

L'écrivain Daniel de Roulet qui, par une incroyable coïncidence, a lui aussi couru en 1997 à Berlin, apporte une réponse à Maverick dans *Courir, écrire* : « Avant de croiser Walser, j'ai vu au dix-septième kilomètre un type par terre qui ne bougeait plus. Le lendemain le journal disait qu'il était mort en courant à quarante-

1. Alexanderplatz, centre névralgique à l'époque de l'Allemagne de l'Est.

sept ans – comme moi – son troisième marathon. » Par bonheur, les gazettes de l'athlétisme ne sont pas emplies de ce genre d'anecdotes qui font froid dans le dos. Surtout pour moi.

Ah, sinon, à Berlin, on court vite. Le record du monde y a été battu en 2014 par le Kenyan Dennis Kimetto en 2 h 02 min 57 s, et c'est peut être là qu'un homme courra un marathon pour la première fois sous la barre des 2 heures ? Autre chose, le départ est désormais donné dos à la porte de Brandebourg, sous laquelle se franchissent, à la fin de la boucle, les tout derniers mètres de l'épreuve.

Pour ma part, je n'en suis pas encore là. Le panneau « Km 37 » me nargue comme pour me dire *il te reste encore cinq de mes collègues à doubler avant d'aligner tes ultimes foulées* alors que monte tout près le son de binious bretons.

Le salaud… Il a hélas raison.

Km 38

Marathonien (n.m. ; au féminin marathonienne) : être singulier qui, en principe, ne se conjugue qu'au pluriel ; il n'est pas – contrairement à une très vieille croyance – l'habitant de la ville de Marathónas (anc. Marathôn), à quarante kilomètres d'Athènes dans l'Attique, sur le détroit de l'Euripe, mais un individu, homme ou femme, s'infligeant (pour le plaisir ?) 42 km 195 de bitume, et tous les désagréments afférents.

Bobos corporels en tous genres, résurgence de fêlures intimes, humeurs au figuré comme au propre, tel est le lot du marathonien. Hippocrate, inventeur de la théorie des humeurs (le sang, la lymphe, la bile jaune, et l'atrabile liés aux quatre éléments que sont l'eau, la terre, l'air et le feu), se retournerait dans sa tombe, de bonheur sans doute, à voir les technologies de pointe utilisées désormais en médecine, j'en suis la preuve vivante. Néanmoins, le vieux philosophe – à l'origine du serment de nos docteurs de famille – avait raison sur un point : la nécessité de soigner sa diététique par le choix d'une nourriture correspondant à son tempérament, afin de mieux digérer.

Pour un athlète au long cours, la quadrature du cercle est délicate. Absorber assez d'aliments porteurs d'énergie pour accomplir l'exercice dans son entier, mais les assimiler plusieurs heures auparavant pour éviter un travail chimique dans l'estomac durant l'effort, et si possible avoir expurgé le surplus avant le départ au risque de se sentir lourd et encombré. Dans cette configuration, les sucres lents sont l'idéal. D'une part, ils s'accumulent très en amont du jour J, d'où les ventrées de riz, nouilles, couscous, ou quinoa à s'envoyer les journées précédentes ; jusqu'à la *pasta party* de la veille au soir, devenue un rite obligé de chaque épreuve digne de ce nom. D'autre part, ils agissent en continu, tout au long du parcours, au moins jusqu'au fameux « mur » du trentième où, là, il convient d'aller puiser ailleurs le brin de force encore indispensable.

Il n'empêche, on a beau prendre toutes ses précautions, connaître le fonctionnement de ses intestins, calculer ses temps de digestion, certains impondérables modifient des plannings très préparés : le trac, le froid, le manque de sommeil, l'excitation, l'épuisement. Aussi bien, des commodités sont-elles disposées régulièrement sur le chemin, avec un lot impressionnant de toilettes mobiles près des aires d'arrivée, et surtout de départ. Là, plus le coup de pistolet libérateur approche, plus les files s'allongent devant les maisonnettes d'aisance.

Dans *La Ligne bleue*, Daniel de Roulet décrit crûment la situation au fort Wadsworth, l'ancienne base militaire ouverte pour le départ du marathon de New York, à Staten Island : « Neuf heures, la queue. La plus longue pissotière du monde, plus d'un quart de *mile* en plein air, sur deux files, qui se font face sans pudeur. Pour les femmes des cabines ont été installées par centaines. Neuf heures trente, nouvelle queue au même endroit. Le trac. Sans pousser, à cinq l'un derrière l'autre. » Pour la gent féminine, se soulager tient parfois du casse-tête. Marion Roman a patienté deux fois pour les cabinets et s'est cachée une fois derrière un buisson mais, face à une nouvelle urgence dans le sas de départ, elle a dû improviser : « Sans réfléchir, j'ai enjambé la barrière et me suis déculottée sur le bas-côté. Et je n'ai eu à déplorer aucun regard en biais ou commentaire déplacé. »

Chacun garde en mémoire, et embellit, ses propres anecdotes sur le sujet. Même Maverick…

*

« Florence. Nom magique qui porte en lui tous les arts de la terre. Quelle cité s'enorgueillit d'avoir enfanté autant de génies ? Giotto, Botticelli, Machiavel, Dante, Michel-Ange le Florentin d'adoption, Leonardo qui y fit ses premières armes créatrices. Portée par les Médicis, la ville a éclairé le monde, tel un phare culturel, devenant ce musée à ciel ouvert qu'elle est toujours demeurée.

» Quel privilège ! Courir devant les façades de galeries riches de milliers de toiles et de sculptures magnifiques. S'enfiler dans des ruelles étroites comme aux plus beaux jours de la Renaissance. Frôler le Duomo, cathédrale vaisseau à l'immense coupole, le campanile de Giotto, le Baptistère Saint-Jean, tous recouverts de marbre blanc de Carrare. Traverser la place de la Seigneurie, cœur du pouvoir florentin, dominée par le Palazzo Vecchio et la Galerie des Offices dont un corridor secret passant à l'intérieur du fameux Ponte Vecchio permettait à Laurent de Médicis et sa fille Catherine de rejoindre le Palais Pitti en toute discrétion.

» Ah ! Florence. On ne se lasse pas d'en deviner les sens, d'en crier les parfums, d'en sentir les couleurs. Tout commence par l'ocre des toits. Quel meilleur point de vue pour en apprécier la beauté et la sérénité que l'esplanade Michel-Ange ? Située en hauteur, sur l'autre rive de l'Arno, elle permet d'embrasser du regard le centre et les campagnes environnantes. Pas de banlieue ici. L'image est figée depuis le Quattrocento. On se retrouve directement dans le tableau de Corot !

» Or il se trouve que, du sommet de cette colline, est donné le départ du marathon, avant de dévaler la pente sous les arbres par la Viale Galileo (autre génie, né à Pise mais mort tout près de Florence). C'est donc là que le soleil rasant du petit matin offre un panorama imprenable avec, jouissance suprême, le plaisir de pouvoir pisser, au pied d'une haie taillée au carré, face à cette vue inoubliable. »

*

Je n'ai pas eu la chance, comme Maverick, de me soulager dans un décor aussi grandiose. Je note au passage que, de même qu'à Berlin, le tracé de Florence a été modifié depuis la participation de Benedict en 2005. Maintenant, départ et arrivée se concentrent autour de la place Santa Croce. Tous ces coureurs urinant en pleine nature près de la statue de Michel Ange faisaient-ils désordre ?

Chez moi, tout s'est fait le plus naturellement du monde. Je me suis délesté du principal à la maison, après mon copieux petit déjeuner avalé vers quatre heures du matin. Depuis lors, je libère des urines claires, témoins d'une bonne hydratation. Deux fois avant le départ, près de la tente de l'association d'Oliver (qui m'a gentiment accueilli, certes on n'y a pas la vue mais le café est chaud) où Alain et Emy m'ont équipé ; à deux reprises sur le trajet, contre un arbre ; et là je vais saluer d'un dernier jet, rien que pour le narguer, le panneau « Km 38 » (enfin, juste derrière) à l'entrée de la longue allée de la Reine-Marguerite.

Pas le temps de pousser, à quelques encablures sur la gauche, jusqu'au cèdre importé du Liban et planté en 1862 en bordure du réservoir de la Grande Cascade, ce serait pourtant plus chic. Ni la patience de rejoindre, après le prochain kilomètre, le hêtre pourpre du carrefour de la Croix-Catelan, remarquable par ses cinq mètres soixante de circonférence (parfait pour se planquer) et trente de hauteur (à l'ombre).

Je me contente d'un bosquet commun.

Km 39

Pourquoi le bois de Boulogne a-t-il si mauvaise réputation, comparé au Central Park de New York ou au Hyde Park de Londres ? Sa taille : il est trois fois plus grand que ses homologues américain et britannique ? Son excentricité géographique : les deux autres sont de vrais poumons de cœur de ville ? Son excentricité tout court : repaire de brigands pendant la guerre de Cent Ans, refuge de royalistes traqués sous la Révolution, plaque tournante de la prostitution au crépuscule du XXe siècle ?

C'est pourtant une remarquable portion de campagne à Paris qui revendique aussi une très riche histoire. Côté religieux, il faut parler du pèlerinage au monastère de Longchamp où Isabelle, sœur du roi Saint-Louis, réalisait des miracles ; ou bien rappeler l'édification de Notre-Dame-de-Boulogne-la-Petite – qui donna son nom au lieu – par un Philippe le Bel transformé après sa visite à la statue miraculeuse de la Vierge à Boulogne-sur-Mer. Côté aéronautique, deux événements majeurs : Pilâtre de Rozier et le marquis d'Arlandes en 1783, les premiers hommes à monter dans le ciel grâce à une invention des frères Montgolfier ; Alberto Santos-Dumont soulevant un aéronef dirigeable en 1906 pour le tout premier record du monde d'aviation enregistré. Côté royal, ce fut François Ier ordonnant la construction d'un édifice clinquant et gigantesque aujourd'hui disparu, le château de Madrid, aux façades recouvertes de faïences ; ou encore le pari lancé par le comte d'Artois d'ériger Bagatelle en seulement deux mois (le nom provient à la fois du prix exorbitant et des après-midi galantes qui s'y tenaient). Côté sportif, on trouve les hippodromes de Longchamp et d'Auteuil, le stade de tennis, un centre de formation, un cercle huppé, quatorze kilomètres de circuit de grande randonnée, autant de pistes cyclables, le double d'allées cavalières. Enfin, côté festif, les manèges géants de la Fête à Neu-Neu qui s'installent à la fin de l'été, suivis l'hiver par les tentes des grands cirques dressées dans quelque clairière, et, bien sûr, en avril les dizaines de milliers de paires de chaussures remontant vers la porte Dauphine pour le final du marathon de Paris !

Jadis dans le bois, on chassait à courre ; désormais on y court chaussé.

Galoper ici, quel pied ! Sauf lorsque ce dernier fait mal…

En son temps, Léonard de Vinci qualifiait cette partie du corps – qui représente près du quart de nos os – de « chef-d'œuvre d'ingénierie et d'art », avec son fantastique système de suspension. Or, depuis un petit moment, déjà, mon chef-d'œuvre est en péril. Je sens chauffer mes phalanges et ma voûte plantaire m'irrite. Je refuse de penser aux ampoules qui doivent clignoter tel un sapin de Noël, ni à l'ongle de mon deuxième orteil – le plus long car j'ai le pied grec – devenu noir et douloureux lors de ma sortie de trente kilomètres, il a fini par se détacher un soir sans que je m'en aperçoive. Dans *Courir, mourir*, les pieds faisaient aussi souffrir Cesare : « Il devrait s'asseoir, enlever ses chaussures, tirer ses chaussettes, desserrer un peu ses lacets et remettre ses chaussures, en faisant soigneusement le nœud. »

Suivant les conseils les plus avisés, j'ai gommé la moindre callosité hier, et ce matin avant d'enfiler mes chaussettes j'ai enduit la peau d'une crème anti-frottement depuis la cheville jusqu'à l'extrémité des orteils. Bien sûr, mes chaussures de course comptent une taille de plus que mes mocassins de ville. Les lacets sont noués une première fois à mi-hauteur des œillets, pour éviter le jeu entre la partie basse et la partie haute, et ne sont pas trop serrés au final pour ne pas couper la circulation sanguine (système à l'ancienne, j'aurais pu utiliser des autobloquants). Enfin, je tente de maintenir une foulée dans l'axe, régulière, ni trop longue ni trop courte, sans excès dans la poussée verticale.

Las ! Mes pieds me font mal.

À tel point que je suis contraint une nouvelle fois de ralentir, et même de marcher sur plus de deux cents mètres.

Être obligé de m'arrêter encore. Quel dépit…

Mes chaussettes, au lieu de bichonner leurs petits arpions, accueillent provisoirement mon moral.

Allez ! Un effort. Tu ne peux pas laisser tomber si près du but.

Serrant les dents, je repars tout en douceur, et, pour y mieux parvenir, je fomente le rêve de courir sans le carcan de godasses, pieds nus, à l'image de certaines peuplades primitives. Christopher McDougall est allé à la rencontre des Tarahumas, qui arpentent les canyons mexicains sur des centaines de kilomètres avec de simples sandales sans amorti, à des vitesses faramineuses. Leur nom amérindien *Ranamuri* signifierait « ceux qui ont le pied léger ». Dans son récit *Born to Run*, devenu un best-seller mondial, le journaliste croise Ted, ardent défenseur du *barefoot* : « Quand il allait pieds nus, son pas se faisait court, son dos se redressait et ses jambes restaient à l'aplomb de ses hanches. » Ou alors pourquoi ne pas s'inscrire dans la grande mode qui secoue les pelotons, celle des *Five Fingers*, sorte de gant en caoutchouc où s'enfile chaque doigt de pied, sans semelle ni confort, afin de recréer la sensation de ne rien porter.

Le portrait de Kasimir Malevitch, *L'Homme qui court*, au Centre Pompidou, montre un homme dont on devine qu'il progresse, lui aussi, sans chaussures. *Fouler*, la série de toiles du peintre contemporain Jean-Pierre Schneider, représente des jambes privées de souliers, juste à l'instant où le pas précède le déséquilibre. Les céramiques grecques à figures noires, visibles au musée Antoine Vivenel à Compiègne, nous rappellent aussi que les athlètes antiques étaient nus comme des vers. Ce que narre avec poésie Maurice Genevoix dans *Vaincre à Olympie* : « Ils sont partis ! Ils courent, nus dans le soleil. Des flocons de poussière éclosent sous leurs talons. »

Faut-il dès lors s'élancer pour de bon « pieds nus comme couraient mes ancêtres » ainsi que le prône Jean-Jacques Goldman dans sa chanson *Le Coureur*, dédiée aux montagnards kenyans et éthiopiens devenus athlètes internationaux ?

Parmi ceux-là, un certain Bikila…

*

« Ce n'est pas sans émotion que l'on prend le départ du marathon de Rome. Le parcours y est magique, dans une ville qui a dominé l'Europe, l'Afrique du Nord et le Moyen-Orient pendant plus d'un demi-siècle, en témoignent encore le Colisée et le Forum. Puis, au fil des kilomètres, les édifices religieux vous saluent bien bas de leurs clochers élevés (la capitale de l'église catholique en compte plusieurs centaines), jusqu'à une brève incursion vaticane le long de la place Saint-Pierre. La joie de traverser les placettes ensoleillées ou d'emprunter les rues moins animées qui ont inondé le cinéma de Fellini, Pasolini, Comencini, Benigni, et autres monstres sacrés. Le trouble de courir sur les traces de Bikila, tout près de l'arc qui l'a vu triompher.

» 1960. Pour la première fois la télévision retransmet un marathon olympique. Pourtant, c'est une photographie qui fera entrer l'homme dans la légende. Sur ce cliché on le voit débouler sous le porche de Constantin, à Rome, devant une foule enthousiaste alors que la nuit, déjà tombée sur la ville éternelle, est trouée des éclairs de magnésium lancés par les flashs. Des reporters, calepin en main, griffent des notes à toute vitesse. Face à eux, Abebe Bikila achève sa course aussi à l'aise qu'il l'a commencée, ses pieds nus couverts de corne rasant le pavé.

» Tous les chemins, y compris ceux des hauts plateaux de la pointe africaine où l'*homo sapiens* vit le jour, peuvent donc mener à Rome. »

*

Ce jour-là, le record du monde ne résista pas à l'ancien garde impérial du Négus (2 h 15 min 16 s). Issu d'une famille de paysans très pauvres, et premier Africain à gagner un marathon olympique, il devint un héros national en Éthiopie. Maverick raconte d'ailleurs comment, juste après avoir franchi victorieux la ligne, il refusa de s'asseoir, ne voulut rien boire, repoussa la couverture qu'on lui présenta, et prétendit que beaucoup de ses camarades soldats auraient pu, comme lui, l'emporter.

Par contre, Benedict ne s'étend pas – et on comprend pourquoi – sur le destin tragique de Bikila, qui perdit l'usage de ses jambes dans un accident de la route moins de dix ans plus tard. *Arx tarpeia Capitoli proxima.* « Il n'y a pas loin du Capitole à la roche Tarpéienne. »

Moi, je ne suis pas loin du panneau « Km 39 » ! En espérant qu'attaquer le quarante ne me conduira pas tout droit au précipice.

Km 40

La fatigue rôde. L'épuisement pour tous. Un concours de grimaces à l'école primaire ne ferait pas mieux que ces visages tordus qui osent à peine se regarder. Les foulées sont chaotiques, les épaules tombent sur des dos de plus en plus voûtés. Le stand alsacien, et son ravitaillement aux sept cépages, n'est pas de nature à doper les plus affaiblis d'entre nous qui subissent déjà une indigestion de course. Là est le gros de la troupe, dans une moyenne entre neuf et onze kilomètres par heure. Un flux ininterrompu de geignements.

Certains poussent le volume dans leurs écouteurs, pour se donner du courage. Ils imitent sans le savoir l'héroïne du livre *Dans ta foulée Ludmilla !* de Raymond Gafner : « Pour l'épreuve des derniers kilomètres, où il s'agissait de sortir de ses limites, d'oublier tout ce qui n'était pas la ligne d'arrivée à franchir en vainqueur, elle s'emplit de passages ensorcelants de la *Deuxième Symphonie* de Beethoven. Courant à perdre haleine, elle s'identifiait intensément au chef d'orchestre jetant ses musiciens à l'assaut des accords inspirés et déchirants. La baguette lui dictait le *crescendo* de ses foulées. »

Pour ma part, un autre genre de musique m'habite. Un arpège de chiffres. Depuis l'entrée dans le bois de Boulogne, je n'arrête pas de calculer. Encore cinquante minutes. Plus que six kilomètres. La dernière demi-heure. Cinq kilomètres. Si je reste à 6'30 au kilo, j'arriverai en moins de 4 h 30. Les quatre derniers. Allez, 25 minutes et c'est fini. Trois. Trois petits kilomètres. J'en suis là. Quarante, quarante et un, quarante-deux. Plus les cent quatre-vingt-quinze mètres. Bientôt la fin. Maverick avait raison, on finit par devenir expert-comptable ! Paula Radcliffe a bien raconté au *New York Times* comment, en comptant mentalement jusqu'à cent trois fois de suite, elle bouclait un *mile* !

La foule s'épaissit le long de l'allée de Longchamp, que l'on remonte à présent. Des vivats éclatent, les gens crient sur notre passage. On nous tape dans le dos. Nos prénoms, inscrits sur les chasubles, sont parfois repris à l'unisson. Des enfants claquent vigoureusement des ballons de baudruche plats en forme de V pour applaudir. Sur leurs percussions, des stewards et des hôtesses de l'air rythment nos petits pas de vieillards. L'ambiance monte. Il règne une excitation particulière. Ça sent l'écurie ! Vivement la fin. Je n'en peux plus.

Aïe !

Une violente douleur assaille mon mollet droit. Un éclair qui brûle à l'intérieur des chairs. Par un réflexe, mes mâchoires écrasent les molaires. Une crampe ! Une vraie. Rien à voir avec la sensation du kilomètre vingt-quatre, quand Rafaël m'a massé. Cette fois-ci, le muscle s'est tendu d'un seul coup comme un élastique. Je suis figé sur place, cloué comme Sébastien à son arbre. Le saint patron des fantassins me rappelle à lui : ma jambe raide m'oblige à boitiller sur le côté, à stopper une nouvelle fois ma course, et à marcher doucement.

Grands Dieux ! Rien ne se passe comme prévu. Je craignais des infidélités du cœur. Voilà que les mollets, après les pieds, me lâchent à leur tour.

Vais-je devoir tout plaquer là ? À une encablure du port ? Après avoir tant sacrifié ? Alors que des personnes se sont mobilisées pour moi ?

En traînant mon amertume sur la piste en terre de la contre-allée, avec l'espoir que cette surface naturelle confiera un peu de sa souplesse à mes jambes, je repense à mon hospitalisation, à la manière dont j'ai frôlé la faucheuse. Un beau matin d'hiver, comme ça, dans la fraîcheur naissante, tout bêtement, je n'ai pas réussi à monter les escaliers de l'immeuble. Essoufflé. Quelques jours plus tard, une rue en pente me faisait peine à gravir. Des maux de ventre apparurent, qui s'aggravèrent. On m'a d'abord soigné pour l'estomac. Hospitalisé d'urgence, j'ai subi une fibroscopie, rien d'anormal. Les médecins tournaient un peu en rond. Le foie a finalement permis de résoudre l'énigme. Il se dilatait, gorgé de sang, signal que la pompe cardiaque ne disposait plus des forces nécessaires pour irriguer les organes. Jusqu'à la décompression cardiaque et l'hospitalisation d'urgence.

« Le cœur est foutu ! Il faut le changer. » Diagnostic brutal du cardiologue, qui laissait entendre à demi-mot une fin proche. À ce moment précis, imposer le mental ! Vouloir continuer à vivre. Pour celle qu'on aime. Pour ses parents, ses amis. Pour soi. Pour jouir encore du bonheur de voir le temps s'écouler. Enfin, après quinze jours en réanimation, une greffe, comme un miracle, un cadeau de la providence. Un donneur compatible qui offrait sa vie perdue par accident.

Ami(e) qui m'a légué ce présent inestimable, je vais serrer les dents, les fesses, les poings et tout le reste, afin de finir ce putain de marathon, pour Toi. Tu vois, tous les deux, on va les boucler nos quarante-deux. On va réussir l'impossible pari. Grâce à Toi, grâce à notre course à l'amble, moi dans Ton ombre, Toi dans ma lumière, nous vivrons encore.

Le don fut une bénédiction, le sport un précieux soutien.

Au début, je courais à peine cinquante mètres ! Les jambes me faisaient souffrir. Puis j'ai augmenté les distances, petit à petit. Cinq cents mètres. Un kilomètre. Je me réveillais la nuit avec des crampes. Deux kilomètres. Cinq. Mes muscles se fortifiaient. Dix kilomètres. Mon premier semi. Mais les derniers hectomètres sont toujours les plus délicats. Certains groupes musculaires ont eu du mal à retrouver leur puissance. Aussi cette crampe ne m'étonne-t-elle pas vraiment.

Pourtant je dois repartir. J'étire le mollet dur. Je vais redémarrer. Gommer la douleur. Quitte à trottiner. Comme Benedict à Montréal…

*

« “Ô Jacques Cartier, si t’avais navigué à l’envers de l’hiver”, chante Robert Charlebois, comme à regret de ces longs mois de gel et de neige qui n’en finissent pas d’ensevelir le Québec. Néanmoins, pour la Belle Province comme l’appellent ses cousins français, la meilleure période reste le début de l’automne, quand la rigueur de Noël n’a pas remplacé les chaleurs estivales, et que les couleurs explosent dans les forêts en un feu d’artifice végétal. Jadis, durant cet été décalé, les Indiens achevaient leurs récoltes. Aujourd’hui Montréal en profite, fin septembre, pour organiser son marathon avec un départ donné… sur le pont Jacques-Cartier.

» De même qu’une hirondelle ne fait pas le printemps, un circuit automobile ne fait pas un Fangio ! Après le circuit Gilles-Villeneuve, le parcours longe le port, traverse la vieille ville, coupe le Plateau-Mont Royal, remonte vers la Petite-Patrie, et s’achève dans l’étrange stade olympique en forme de soucoupe volante avec sa hampe tendue vers l’espace. Là, en 1976 – année de sortie de la chanson de Charlebois –, un inconnu d’Allemagne de l’Est, Waldemar Cierpinski, emportait l’or olympique sur marathon, exploit qu’il réédita à Moscou quatre ans plus tard. À cette époque de dopages à la chaîne, son record sous la barre des 2 h 10 laissa perplexe, tout comme les explications de son adversaire malheureux sur cette course mais vainqueur sur 5 000 et 10 000 mètres, le Finlandais Laase Virén :

il prétendait tenir sa puissance d'un verre de lait de renne au petit déjeuner !

» Un produit spécifique serait-il efficace pour achever l'épreuve sans ressentir les mêmes douleurs dorsales qu'à Pékin ? Non ! Pas le genre de la maison. C'est donc au trot, comme un cheval du Carrousel de la Gendarmerie royale du Canada, que se conclut ce nouveau supplice. »

*

Hélas aujourd'hui, même chez les runners du dimanche, l'utilisation de produits douteux n'est pas rare. Où se situe la frontière entre l'énergisant et le dopant ?

« Vive la reine ! »

Rien à voir avec mes pensées pour Maverick à Montréal et le fait que le Canada fait partie des seize pays du Commonwealth à reconnaître Élisabeth II comme souveraine. Non, le cri est lancé par un chauve d'une cinquantaine d'années juste derrière moi. Au regard interrogatif que je lui adresse par-dessus l'épaule, il répond avec un sourire en me désignant la flamme du « Km 40 » sur la droite : « Remercions, mon ami, la couronne britannique pour les deux kilomètres cent quatre-vingt-quinze qui nous restent. »

Ah oui, j'avais oublié, les Jeux de Londres, en 1908…

Km 41

Trois cents mètres après le panneau, voici le tout dernier ravitaillement. Une armée de zombies bourdonne autour de tables de moins en moins garnies. Une halte me permet de reposer mes jambes une minute de plus (les élancements se sont estompés) et de saisir une dernière bouteille. Boire. Le soleil, au zénith à présent, nous accable. Ma gorge, asséchée par une respiration soutenue bouche grande ouverte, réclame d'être hydratée en permanence. J'ai peine à avaler la pâte de fruits qui me reste de Manon. Par moments, une sensation étrange me gagne, celle de flotter dans un monde éloigné. Le visage de mon *Amour Joli* m'apparaît alors comme une hallucination, et les encouragements du public résonnent avec un écho bizarre. Je me souviens ce qu'écrivait Jamel Balhi, le dévoreur de kilomètres – plus de deux cent mille à son compteur ! –, dans son livre sur les routes de la foi : « La pénurie modifie ma perception des choses. Mes rapports avec les denrées les plus élémentaires – eau, pain, café – changent au rythme du temps et des kilomètres. »

Les dernières foulées sont un calvaire. Chaque effort coûte. Le moindre mouvement trop appuyé devient terrible d'inhumanité, il nous fait ressembler à des pantins désarticulés. Nous sommes redevenus les Pinocchio du départ, mus cette fois-ci par des fils tirant dans tous les sens. Des Zátopek bardés de grimaces et de moulinets, tel que Jean Echenoz décrit le Tchèque : « Ses traits sont altérés, comme déchirés par une souffrance affreuse, langue tirée par intermittence, comme avec un scorpion logé dans chaque chaussure. [...] Il donne en course l'apparence d'un boxeur en train de lutter contre son ombre et tout son corps semble être ainsi une mécanique détraquée, disloquée, douloureuse. »

Pourquoi s'imposer une telle torture ?

Pourquoi courir ?

Sommes-nous nés pour cela, comme le prétend Christopher McDougall dans *Born to Run* ? Jacques Gamblin avoue : « Je cours c'est tout, c'est ma prière à moi. » Dans *Champions du monde*, Paul Morand égrène, lui, quelques raisons particulières : « Brodsky courait par surexcitation, par haine du sport, par honte de ses lunettes. Webb, par volonté d'arriver premier. Ram, pour ne pas dépasser cent soixante livres. Van Norden, par orgueil de son corps. »

Pourquoi courir ?

Question existentielle à laquelle une liste à la Prévert peut servir de réponse. Pour maigrir, pour célébrer un événement, pour oublier un chagrin, pour partager un moment avec des amis, pour garder la forme, pour aller plus vite, pour s'occuper, pour évacuer le stress à l'heure du déjeuner, pour se prouver qu'on en est capable, pour battre le record du voisin, pour le plaisir de voyager, pour collectionner les tee-shirts ou les médailles, pour connaître ses limites, parce que c'est quand on veut où on veut, pour l'argent ou la gloire (assez rare), pour sa fierté personnelle (plus fréquent), pour s'autoriser un bon verre ou une pâtisserie trop riche de temps à autre, pour communier avec la nature, pour soutenir une association caritative, pour se refaire une ligne de mannequin, pour compenser du tabac, pour abolir les frontières, pour fuir sa vie, pour se sentir libre, pour être heureux, pour le plaisir, pour rien…

Courir, c'est se couper du monde. Un sentiment de liberté totale, que Maverick résume avec justesse dans son livre : « Courir c'est être libre. Libre dans l'espace, libre dans le temps, libre dans la société, libre dans sa tête. » Il y a de la transgression dans la pratique de la course à pied : se dédouaner de la condition humaine dans son fardeau quotidien. Une déconnexion volontaire pour se réapproprier un espace-temps privé, dans lequel on peut évoluer à son gré, sans contrainte ni direction. Lâcher la bride. Ne plus s'appartenir.

L'occasion aussi d'apprendre à se connaître. Rejoindre son physique, selon la jolie formule de Paul Fournel dans *Les athlètes dans leur tête* : « Il savait que la fatigue était le seul moyen que l'homme avait inventé pour bavarder avec son corps. » Rencontrer son moi le plus profond, à en croire Murakami : « En courant, j'avais alors pénétré sur le territoire de la métaphysique. D'abord il y avait eu l'acte de courir et, comme un accompagnement, cet existant qui était “moi”. Je cours donc je suis. » Se donner corps et âme, à la Montherlant : « Le corps m'apparaît comme une image de l'âme. » Atteindre un stade de méditation, rapporté par Marion Roman : « La paix intérieure, la vacuité de l'esprit, et la modification de son état de conscience. »

Le critère fondamental reste peut-être la fierté, ou ce qui ressemble à de la fierté. Celle qu'éprouve celui qui est allé au bout de lui-même. Après tout, peut-être la course est-elle moins un besoin du corps qu'une fiction de l'esprit. On fantasme sur sa propre vitalité, on réajuste ainsi une petite vie dans une ambition démesurée. On se grandit par l'exploit. Au fond, peut-on comprendre la course sans courir soi-même ?

Les chercheurs Michel Pinçon et Monique Pinçon-Charlot admettent que courir quelques kilomètres chaque jour « est devenu une nécessité intellectuelle pour nous. C'est extraordinaire comme c'est vivifiant, comme ça vous remet les neurones en place ». Robert Zemeckis fait dire à Tom Hanks, dans *Forest Gump*, à l'issue de ses trois ans deux mois quatorze jours et seize heures de foulées ininterrompues : « J'avais juste envie de courir ! » Même réponse de l'auteur de *L'Attrape-cœurs*, Jerome David Salinger : « Je ne sais même pas pourquoi je courais. J'avais envie de courir, j'imagine. » Jimmy Carter ou Nicolas Sarkozy cherchaient à soigner leur image publique.

Pour Atalante, héroïne grecque refusant les maris choisis par son père, il s'agissait d'écarter les prétendants ; elle épouserait celui qui la battrait à la course, ce fut Hippomène, subjugué si l'on en croit Ovide dans ses *Métamorphoses* : « C'est sa beauté qui l'émerveille le plus ; d'ailleurs la course même la rend belle. » Il faut aller voir les statues représentant Atalante et Hippomène, côte à côte, dans la cour Marly au Louvre, ils ont aussi inspiré de nombreux peintres. Sous la plume d'Homère dans *L'Iliade*, Achille « aux pieds infatigables » poursuivait, lui, son frère devenu ennemi : « Le rapide Achille / talonne Hector / comme un chien presse / dans les montagnes / le faon d'une biche. » Enfin Melos, dans la célèbre nouvelle du Japonais Ozamu Dazai, court pour sauver son ami Selinuntius.

Le philosophe Guillaume le Blanc consacre de nombreuses pages de *Courir Méditations physiques* à cette question. Notamment ici : « Parfois la frivolité est à son comble : on court et c'est sans raison : simplement pour se sentir vivant, relié au monde, aux paysages que l'on traverse, à la nuit qui tombe, au froid que l'on sent sur sa peau, à la sueur qui inonde les yeux et brûle, à la fatigue qui s'incruste dans le corps. Pourquoi fait-on tout cela ? On ne saurait vraiment dire : la course est sans pourquoi. »

Et si courir n'était que la possibilité d'un rêve. Encore plus envoûtant si on lui ajoute la possibilité d'une île. Une île de rêve ?…

*

« Hawaii n'est pas forcément l'endroit idéal pour s'adonner au running. L'archipel perdu en plein milieu du Pacifique est sous l'emprise d'alizés parfois soutenus et désagréables, surtout de face. Ils tempèrent la chaleur, bien sûr, mais le mercure dépasse là-bas souvent les 30 degrés Celsius en pleine journée. Haruki Murakami aime se dépenser à Hawaii : "Le temps a été magnifique au mois d'août. [...] Quand il y a eu de la pluie, c'était une averse très plaisante, qui rafraîchissait un peu mon corps surchauffé."

» Honolulu est pourtant l'un des marathons les plus courus de la planète. Le tracé part du bord de mer, c'est très plaisant, même en pleine nuit (coup d'envoi à cinq heures du matin pour éviter l'accablement). Il double la tour de Aloha, point de ralliement du port et des touristes ; traverse le centre historique avec l'unique palais royal sur le sol américain, là où la dernière reine hawaiienne Lili 'uokalani fut emprisonnée après sa destitution ; puis contourne ce qui se veut le plus vaste centre commercial à ciel ouvert du monde avant de revenir vers le Pacifique, en surplomb de la corniche de Diamond Head. Ensuite, un interminable aller-retour sur la grand-route, en retrait des plages, aligne toujours les mêmes paysages : maisonnettes aux jardinets clôturés de murs, palmiers à travers lesquels surgissent çà et là les taches du bleu océanique, monts pelés de quelque volcan qui émergent en toute tranquillité dans leur laideur.

» Heureusement, il y a l'arrivée sur la mythique plage de Waikiki, où Jack London s'initia au surf avant de narrer les *rides* d'Alexander Hume Ford et Georges Freeth dans l'un des chapitres de son récit autobiographique *La Croisière sur le Snark*. Hawaii – où les premières traces de la discipline remonteraient au XIVe siècle – qui se dispute avec Tahiti le berceau du surf. »

*

Comme celui-ci à Honolulu, les récits de courses de Maverick sur les cinq continents m'auront fait rêver. Grâce à son livre, que j'ai lu et relu ces derniers mois, j'ai voyagé, j'ai eu envie, moi aussi, de fouler de mes pieds le monde entier.

Parce qu'il faut bien commencer quelque part, me voici en train de boucler mon premier marathon, ici, à Paris. Seule certitude, je n'en tenterai pas quarante-deux. Déjà finir celui-là. Y en aura-t-il un autre ? On verra.

Durant ces ultimes hectomètres, je surfe non pas sur les rouleaux du Pacifique mais sur des sentiments entremêlés. La nostalgie de ces contrées lointaines où Benedict m'a entraîné au fil des pages, alors que lui, condamné dans son fauteuil roulant, n'y posera jamais plus les pieds. La joie de voir, je l'espère, bientôt la fin de ma course, franchir la ligne. Le bonheur de retrouver Manon pour l'enlacer, lui redire combien je l'aime. La fierté de réussir un pari fou, impossible, inaccessible. Le plaisir de partager tout cela avec aussi Rafaël, Emy, Alain, et les autres. L'évidence enfin de savoir, moi, la raison de ma présence ici.

Oui, je sais pourquoi je suis là. Je pourrais m'appuyer sur Jean Giraudoux pour l'expliquer : « La vraie course ne va pas d'un point à un autre, mais d'un point au même point. » En réalité, il s'agit de rester entier, rester l'homme nouveau que je suis devenu, présent à chaque seconde, en chair, en os, en émotions.

Le stand de l'association Grégory Lemarchal juste en face du panneau « Km 41 » me conforte dans cette certitude, tout comme le Village du cœur à venir au prochain kilomètre : Croix-Rouge, Ligue contre le cancer, Planète enfants, Fédération française de cardiologie, autant d'associations pour nous insuffler l'énergie finale, cette impulsion qui nous manque parfois, à nous les coureurs de la masse.

Pourquoi je cours ?

Pour vivre.

Km 42

Nous y voilà donc ! Si mes jambes résistent encore un peu, à peine plus de douze cents mètres, j'aurai terminé le marathon. Mille deux cents petits mètres ! Un bon millier de foulées. C'est tout… Fini ? Bouclé ? Achevé ? Est-ce donc aussi simple que cela ?

J'aurai alors transcendé la réalité athlétique de cette matinée pour la figer à tout jamais dans mon imaginaire personnel. L'épreuve d'un jour devenue moment de grâce de toute une vie. L'art dépasse le corps. Comme Bertrand Lavier transformant, par son regard singulier, un terrain de sport en œuvre contemporaine. La proximité spirituelle de cet artiste est même renforcée par sa présence physique, tout près d'ici, dans la Fondation Louis Vuitton, à l'autre bout de l'allée, dans mon dos.

Je m'en éloigne pourtant, pour m'engager à gauche sur la route de Suresnes, la dernière ligne droite. L'occasion de plonger dans un bain de foule. Mieux, un bain d'amour. Le biologiste académicien Jean Rostand a bien affirmé que « tout plaisir est plaisir d'amour ».

Le plaisir est là, en effet, après tant de souffrances. Celui d'approcher de la délivrance. Celui d'être porté par des milliers de personnes dans une communion inédite entre clameurs et sueurs. Quelle motivation pousse tous ces spectateurs à s'amasser le long d'une rue pour ovationner des inconnus ? Car s'ils guettent sûrement le passage d'un proche, ils distribuent leur enthousiasme à toute la communauté de la course qui défile sous leurs yeux, sans distinction aucune. Oui, un bain d'amour.

Courir. Aimer. Les deux sont si proches. Presque autant qu'Éros et Thanatos, pulsion de vie et pulsion de mort selon Freud. Le désir, tout comme la course, meurt lorsqu'il est satisfait, jusqu'à sa renaissance. Terminer un marathon vidé, dans le même état de néant qu'après un acte sexuel intense. Il y a du transport dans les deux cas. Le sociologue Guillaume le Blanc en est convaincu : « Les molécules engendrées par les transports amoureux et l'activité de la course à pied sur une longue distance obéissent à des mécanismes comparables. Lors d'un effort extrême, des endorphines sont produites et provoquent un sentiment de bien-être et même de l'euphorie. Ainsi, l'orgasme et la souffrance du coureur se rapprochent dans la même explosion chimique. »

Ne dit-on pas d'un homme aimant l'amour qu'il est un coureur ? Courir à plusieurs est-il une nouvelle façon de faire l'amour ? N'oublions que les premiers adeptes du running moderne, dans les années soixante-dix, étaient les mêmes qui dénonçaient la guerre du Vietnam en scandant : « Faites l'amour, pas la guerre ! »

Tiens ! La guerre. De quoi nous ramener aux origines, à la bataille de Marathon…

*

« Marathon. Petite localité sans prétention de l'Attique avec ses maisons aux toits plats. L'été, le soleil y est écrasant ; heureusement, nous sommes au cœur de l'automne. Voici enfin les traces de Phidippidès, parti d'ici pour rallier Athènes. À moins que le trajet ne fût accompli par l'armée entière ? Ou que l'estafette allât d'Athènes à Sparte pour quémander de l'aide, et non de Marathon à Athènes pour annoncer la victoire ? Peu importe, c'est ici que sa statue domine la plaine. Aussi l'émotion gagne-t-elle au moment de s'élancer du modeste stade. On devient pour l'occasion – unique dans une vie – "marathonien" par une citoyenneté de quelques instants.

» Puis c'est la campagne où les guerres médiques firent ravage. Hérodote guide le coureur sur ces routes grecques, plus encore au moment de la petite boucle autour du tombeau des Athéniens. Sobrement, un monticule de neuf mètres de haut couvre les ossements des cent quatre-vingt-douze soldats tombés face aux Perses dans la bataille. Fugace moment de l'histoire gravé dans la postérité, dont certains philosophes n'hésitent pas à prétendre qu'il a servi de socle fondateur à la démocratie occidentale, jusqu'au siècle des

Lumières, et même jusqu'à nos jours, à l'heure où certaines barbaries tentent à nouveau de s'émanciper.

» Que dire ensuite ? Oui, le tracé présente des difficultés, quelques collines à franchir vers Pallini ou Gerakas. Oui, l'air est sec et surchauffé, et la pollution aux abords d'Athènes n'arrange rien. Oui, le poids de la civilisation grecque pèse à l'approche de monuments aussi prestigieux que le Parthénon ou le théâtre de Dionysos. Oui, l'arrivée dans le stade panathénaïque des premiers Jeux de l'ère moderne, construit sur le modèle de celui d'Olympie, attise une nouvelle bouffée d'émotion ; ce site que les Grecs appellent affectueusement Kallimármaro pour rappeler le marbre éclatant et blanc avec lequel il a été rénové.

» On doit à un linguiste, professeur au collège de France, la naissance de l'épreuve moderne. Michel Bréal souffla en effet à Pierre de Coubertin l'idée, dans une lettre qu'il lui adressa depuis le village de Glion en Suisse, le 15 septembre 1894 : "Puisque vous allez à Athènes, voyez donc si l'on ne peut organiser une course de Marathon au Pnyx[1]. Cela aura une saveur antique. Si nous savions le temps qu'a mis le guerrier grec, nous pourrions établir le record. Je réclamerais pour ma part l'honneur d'offrir la Coupe de Marathon." Cet helléniste a-t-il aussi inventé la devise olympique *Citius, Altius, Fortius* ("Plus vite, plus haut, plus fort") ? Il semble qu'en réalité le père de celle-ci soit un prêtre dominicain ami de Coubertin, Henri Didon, prieur du

1. Colline au centre d'Athènes, située à l'ouest de l'Acropole.

collège Albert-le-Grand à Arcueil, aux portes de Paris, qui fut l'un des premiers à enseigner le sport à ses élèves. »

*

Ainsi, la boucle est bouclée ! 490 avant notre ère, la bataille et la fabuleuse épopée. 1896, le succès du berger grec Spyrídon Loúis au premier marathon de l'histoire contemporaine (la scène fut immortalisée par l'illustrateur et graveur officiel des JO d'Athènes, André Castaigne) ; le bonhomme en est devenu un héros national, à l'image de l'expression grecque « courir comme un Louis ». 2006, la foulée de Benedict Maverick sur ce même trajet qui porte l'humanité post-antique.

Pour moi aussi la boucle se boucle. Avant le rond-point de la porte Dauphine, que l'on contourne par la droite, une euphorie incroyable gagne tout le monde : spectateurs et coureurs mêlés dans un entrain jubilatoire. Cet accès de ferveur collective me donne des ailes. Le corps n'existe plus. Loin, les raideurs musculaires. Oubliées, les bouffées ardentes dans la poitrine. Insensibles, les pieds gonflés et les ampoules multiples. Perdus, les abysses du mental.

D'un seul coup, un élan inattendu me gagne. Les pieds s'enfoncent de toute leur puissance dans le sol. Les jambes propulsent un organisme que je sens revitalisé. Ma respiration s'accélère mais de manière régulière. Les bras remontent un peu plus haut vers la poitrine, me tirent en avant. Légèrement penché en déséquilibre, j'entame une forme de sprint. Les encouragements dopent mon énergie. J'ai envie de sourire à tout le monde. Je double un garçon assez jeune, puis un groupe de femmes qui se motivent mutuellement, un homme d'âge plus mûr (il paraît qu'on court mieux après trente-cinq ans ?), et d'autres encore. Je remonte doucement tous ceux qui deviennent, à cet instant précis, des adversaires à battre de toutes mes forces.

Cette fin m'envole.

La flamme du quarante-deuxième kilomètre tremble à mon passage. L'avenue Foch, bien qu'en montée pour les cent quatre-vingt-quinze derniers mètres, se laisse avaler sans réagir. Un tonnerre d'acclamations m'accompagne. L'arche de l'arrivée se rapproche. La sonorisation envahit mon espace : le speaker surexcité, le son dance avant la ligne, un autre DJ juste derrière. Avec les cris provenant des barrières, je finis par ne plus rien percevoir du tout.

Mes poumons brûlent. Mes tempes cognent. Cinquante mètres. Vingt. Dix. Cinq. Trois. Deux. Je me projette. La puce électronique sur ma chaussure s'époumone au passage de la ligne connectée. Moi aussi. J'adresse un regard réflexe à l'immense chronomètre au-dessus de la ligne : 4 h 29 min 12 s.

Je fonds en pleurs.

RÉCUPÉRATION

Le cœur aura donc tenu. Malgré l'effort ultime, qui m'a paru incommensurable, mais ne fut sans doute pas extrême. J'allongeai la foulée, une explosion intérieure me téléporta, je crus décoller de la base de Kourou, l'horizon n'était plus inaccessible. Rien à voir cependant avec un finish à la Usain Bolt, l'homme le plus rapide au monde ! Les fantasmes transforment sans peine une réalité augmentée.

Tu vois, Ami(e) inconnu(e), mon sauveur, mon double, celui par qui je vis, Toi qui as glissé Ton existence sous ma peau, Frère de sang et de souffle, mon petit jumeau bien-aimé, ça y est ! Nous y sommes parvenus. Nous aurons réussi, tous les deux, ensemble, à courir notre premier marathon. Je ne Te l'ai pas dit en permanence, mais chaque faiblesse m'a conduit vers Toi. Depuis l'opération, j'avais déjà rêvé Ton visage si souvent. Là, j'ai senti Ton fluide me rassurer. Ton aura m'a réchauffé du début à la fin. Tu as été un moteur plus puissant que tous les sucres lents de la terre, plus tonique que les séances d'Emy, plus solide que le cousu main d'Alain, presque plus fort que l'amour de Manon.

C'est vers elle qu'est allée ma seconde pensée. Sa patience pour m'escorter à nouveau vers le soleil, son courage aux heures les plus sombres, sa foi en la vie. Sans Manon pour me tenir le bras alors que je voyais déjà la blancheur éternelle, sans les mots qu'elle a su apposer sur ma douleur, mes doutes, et mes espoirs, sans son regard de tendresse où j'ai puisé une confiance absolue, sans ses caresses comme un bain de lait d'amande douce, où serais-je aujourd'hui ?

Dès la ligne franchie, tout un rituel s'est mis en place. On m'a recouvert d'un châle thermique ; on m'a proposé des fruits et des boissons ; on m'a recommandé de ne pas m'arrêter d'un seul coup mais de marcher un peu ; on m'a décoré de la médaille du *finisher*, Graal de métal lourd de ces longs mois de préparation, d'efforts et de sacrifices. Je n'étais pas peu fier de l'arborer. Dans un éclat de rire, je l'ai même mordue à pleines dents. Avec discrétion, son reflet au mur de mon bureau me rappellera que rien n'est impossible.

Bien des sentiments se sont bousculés dans mon esprit après l'arrivée. Le souvenir de maman paniquée devant mes premières crises d'asthme, ses cris au téléphone lorsqu'elle appela les pompiers. Elle serait si heureuse aujourd'hui de voir son fiston asthénique accomplir un tel exploit. Tout son amour pour moi, et pour Rafaël, frangin retrouvé par le miracle du sport. Peut-être pourrons-nous bientôt jouer au tennis ensemble ? Ou alors me fera-t-il apprécier le golf ? C'est une discipline, par une marche douce dans un cadre reposant, qui est, dit-on, excellente pour le cœur.

Et puis tant d'autres choses. Par exemple le mythe dévalué du marathon, auquel on accède, au fond, assez aisément. J'en suis la preuve. Chaque semaine des centaines de milliers de personnes se lancent le défi dans une grande ville du monde. On peut courir de janvier à décembre, sur les cinq continents. Les candidats au sacre sont désormais légion. Terminer l'épreuve n'est plus le sésame pour entrer dans un cercle restreint de « surhumains ». Désormais, pour être au-dessus du lot, il faut devenir « cent-bornard », avaler les 100 km de Millau, le Trail du Mont-Blanc, l'Ironman de Nice ou autre plaisanterie comme les 24 heures de Brive !

Je n'ai pu m'empêcher aussi de revoir les images du drame de Boston : ce 15 avril 2013, la joie sportive embrumée dans la fumée des bombes ayant explosé à treize secondes d'intervalle. Trois morts, près de trois cents blessés, et un moment de chaleur humaine endeuillé par la bêtise humaine. Quelle tristesse de déplorer des chairs ensanglantées à cette occasion-là. Comment un esprit peut-il concevoir de transformer une grand-messe du corps et de l'amitié en un lieu de massacre ? Je dois être naïf. En hommage symbolique, la même année, le final de New York se parait au sol d'une ligne jaune, couleur du marathon de Boston.

Enfin, comment ne pas me tourner vers celui que j'ose appeler mon mentor. Sans le livre de Benedict

Maverick, ma motivation aurait été moindre. J'y ai pioché, à de nombreuses reprises, au hasard des chapitres, une force particulière. Sa lecture a nourri mes rêves, désinhibé mes craintes, propulsé mes envies. Je suis parti jusqu'au fin fond de la planète avec lui. J'ai voyagé sur les plus beaux parcours proposés aux marathoniens. J'ai gravi la muraille de Chine, traversé le Bronx, dépassé le pôle Nord, approché le désert, foulé l'Afrique et l'Australie, traversé les Amériques, croisé les fantômes des légendes de la course. Je lui dois tant.

Et lui, pauvre Maverick, ne peut plus percevoir toutes ces émotions qu'il m'a léguées ! Paralysé dans son fauteuil, condamné à vivre sa passion par procuration, quel avenir s'est-il bâti ?

« Phil, tu as de la visite. »

Manon me tire de mes pensées. Nous sommes sous la tente où Alain a suivi ma course. Je m'y repose depuis une vingtaine de minutes. Nous avons dressé un premier bilan médical. À aucun moment la pompe cardiaque ne s'est emballée. Même à la fin, dans ma fougue soudaine, je n'ai pas dépassé mon seuil critique de pulsations. Je palpitais davantage dans ma tête que dans mon sang ! Les données, enregistrées tout au long des quarante-deux kilomètres, seront analysées dans le détail durant les prochaines semaines. Il s'agit pour les chercheurs d'étudier le comportement d'un greffon dans des conditions au-delà du quotidien.

Ainsi ai-je couru beaucoup pour moi et un peu pour les autres.

Interrompant ma discussion avec Alain, je rejoins Manon à l'extérieur, sur une contre-allée de l'avenue Foch. Le soleil est haut, et chauffe plus que de raison le début du printemps. Ébloui par ses rayons, je ne remarque pas tout de suite qu'un type m'attend.

Quand je le repère enfin, son visage me dit quelque chose. Je suis sûr de l'avoir vu quelque part. Mais où, bon sang ? Je fouille ma mémoire.

Il est assis sur ce que je crois être une chaise.

En réalité, c'est un fauteuil roulant.

Je réalise enfin : Benedict Maverick, en chair et en os !

Je vacille. M'appuie sur Manon, que j'interroge du regard.

J'apprendrai dans la longue conversation que nous allons avoir qu'il est venu à Paris pour consulter un spécialiste, car son pincement de moelle n'est pas irréversible. Il espère remarcher bientôt.

Ce serait formidable. Génial !

Mon plus grand bonheur serait de pouvoir un jour trottiner à ses côtés.

Profitant de sa présence en France, les organisateurs de l'épreuve ont demandé à l'écrivain de réputation mondiale qu'il est – auteur au surplus de deux best-sellers concernant la course (*Courir m'a sauvé* à propos de sa cure d'amaigrissement et *Mes quarante-deux marathons* sur toutes ses courses dans le monde) – de congratuler le vainqueur et de rester un peu sur la ligne d'arrivée saluer les premiers concurrents. De son côté, ayant su qu'un greffé du cœur participait aujourd'hui, Maverick a émis l'ardent désir de le rencontrer.

Et nous voici. Face à face. Lui devant moi. Je n'en crois pas mes yeux, qui s'embuent doucement. Les larmes montent mais je n'ai pas le temps d'en jouir. Benedict affiche un sourire jovial. Il m'attrape avec vigueur et me presse contre sa poitrine, si fort, si près, que j'entends presque battre son cœur :

« *Great job, man ! You did it*[1] *!* »

Fin

1. Beau boulot, mon gars ! Tu l'as fait !

Note

Voici, par ordre chronologique, les épreuves courues par Benedict Maverick ; j'ajoute entre parenthèses les chapitres du présent ouvrage dans lesquels j'en ai glissé à chaque fois un extrait.

1. Octobre 1984 : Chicago, en 4 h 12 (chap. 8)
2. Novembre 1985 : New York (chap. départ)
3. Juillet 1986 : San Francisco (chap. 18)
4. Septembre 1986 : Columbia (chap. 27)
5. Avril 1987 : Madrid (chap. 2)
6. Mars 1988 : Tel-Aviv (chap. 17)
7. Juillet 1988 : Buenos Aires (chap. 9)
8. Juin 1989 : Stockholm (chap. 16)
9. Octobre 1990 : Dublin, en 3 h 19 (chap. 13)
10. Août 1991 : Helsinki (chap. 28)
11. Novembre 1991 : Cuba (chap. 11)
12. Avril 1992 : Boston (chap. 26)
13. Septembre 1992 : Amsterdam (chap. 25)
14. Avril 1993 : Londres (chap. 12)
15. Novembre 1994 : Richmond (chap. 15)
16. Décembre 1995 : Honolulu (chap. 41)
17. Juin 1996 : Tromsø (chap. 33)

18. Avril 1997 : Paris (chap. 21)
19. Septembre 1997 : Berlin (chap. 37)
20. Juin 1998 : Arcachon (chap. 7)
21. Novembre 1998 : Monaco (chap. 24)
22. Mai 1999 : Prague (chap. 1)
23. Octobre 1999 : Chutes du Niagara (chap. 32)
24. Mars 2000 : Barcelone (chap. 22)
25. Septembre 2000 : Mexico (chap. 30)
26. Janvier 2001 : Marrakech (chap. 35)
27. Décembre 2001 : Lisbonne (chap. 29)
28. Mars 2002 : Memphis (chap. 31)
29. Septembre 2002 : Médoc (chap. 5)
30. Mars 2003 : Rome (chap. 39)
31. Octobre 2003 : Venise (chap. 23)
32. Septembre 2004 : Sydney (chap. 6)
33. Mai 2005 : Genève (chap. 14)
34. Novembre 2005 : Florence (chap. 38)
35. Novembre 2006 : Athènes (chap. 42)
36. Décembre 2006 : Fukuoka (chap. 36)
37. Mai 2007 : Muraille de Chine (chap. 4)
38. Septembre 2007 : Montréal (chap. 40)
39. Mars 2008 : Hong Kong en 5 h 12 (chap. 10)
40. Juillet 2009 : Waldniel (chap. 19)
41. Janvier 2010 : Parakou (chap. 20)
42. Janvier 2011 : Miami (chap. 3)

Remerciements

à Marie, qui m'a accompagné et soutenu à chacun de mes marathons, en France ou à l'étranger ;

à Guillaume Robert, jeune marathonien, sans qui ce livre n'existerait pas ;

à Jean-Michel Leligny, greffé du cœur et marathonien dont le témoignage m'a été précieux ;

à Olivier Coustère, président de l'association Trans-Forme, coureur et organisateur de La course du cœur, pour son aide (www.trans-forme.org et www.lacourseducoeur.com) ;

à Frédéric Pineau, marathonien averti et lecteur attentif ;

au docteur Guillaume Chastenet, pour ses remarques avisées.

Références des œuvres citées :
(par ordre d'apparition dans le roman)

Le Soldat de Marathon, huile sur toile, Luc-Olivier Merson, École nationale supérieure des beaux-arts de Paris, 1869.

La Ligne bleue, Daniel de Roulet, Le Seuil, 1995.

Amérique, Jean Baudrillard, Grasset, 1986.

« Vltava » (La Moldau), poème symphonique tiré de *Má Vlast* (Ma Patrie), Bedřich Smetana, 1874.

« Le Lièvre et la Tortue », *Fables*, livre VI, fable X, Jean de La Fontaine, 1668.

Le Goût de courir, Antoine de Gaudemar, Mercure de France, 2011.

« Les vieux », *Les Bonbons*, Jacques Brel, 1963.

Hommes et destins, Stefan Zweig, Belfond, 1998.

Napoléon Bonaparte à la bataille de Rivoli, Henri Félix Emmanuel Philippoteaux, Musée national du château de Versailles, 1845.

Marathon(s), Bernard Chambaz, Le Seuil, 2011.

Courir Méditations physiques, Guillaume le Blanc, Flammarion, 2012.

La Solitude du coureur de fond, Alan Sillitoe, Allen, 1959.

Le Sport, Jean Giraudoux, Hachette, 1928.

Choses vues, Victor Hugo, 1887.
Oh ! J'cours tout seul, William Sheller, 1980.
La Foi d'un écrivain, Joyce Carol Oates, Ecco Press, 2003.
Autoportrait de l'auteur en coureur de fond, Haruki Murakami, Bungeishunjū, 2007.
La Groupie du pianiste, Michel Berger, 1978.
Always on the Run, Lenny Kravitz, 1991.
La Sagesse du danseur, Dominique Dupuy, Jean-Claude Béhar, 2011.
Plus vite que son ombre, Tom McNab, Arrow Books, 1987.
Chéri(e), je pars faire une course, Gérard Ejnès, Éditions Prolongations, 2013.
Horloge fleurie de Genève, 1955 (modernisée en 2002 par la peintre Josée Pitteloud et le sculpteur Jean Stern).
Le Mythe de Sisyphe, Albert Camus, Gallimard, 1942.
Circonstancielles, Roger Caillois, Gallimard, 1946.
The Complete Book of Running, James Fuller « Jim » Fixx, Random House, 1977.
Si par une nuit d'hiver un voyageur, Italo Calvino, Einaudi, 1979.
« Mamma Mia », dans l'album *Abba*, Abba, 1975.
The Time of Our Time, Norman Mailer, Modern Library, 1998.
Le Viol des foules par la propagande politique, Serge Tchakhotine, Gallimard, 1939.
Mille plateaux, Gilles Deleuze et Félix Guattari, Éditions de Minuit, 1980.
Émile ou De l'éducation, Jean-Jacques Rousseau, 1762.
The Bostonians, Henry James, Macmillan and Co., 1886.
Correspondance, François de Sales, Desclée de Brouwer, 1980.
Blue Line, acrylique, Vincent Dogna (collection privée).

Les champions ne meurent pas, sept parcours d'athlètes, Xavier Dugoin, Tredaniel, 1996.

Casa Batlló, Antoni Gaudí, 1906 (villa au 43 Passeig de Gràcia, à Barcelone).

Schlageter, Hanns Johst, 1933 (pièce jouée à Berlin).

Mountains and Caverns, Alan Sillitoe, Allen, 1975.

Gargantua, François Rabelais, 1534.

Roméo et Juliette, Charles Gounod, Théâtre Lyrique, Paris, 1867.

Nabucco, Giuseppe Verdi, Scala, Milan, 1842.

La Traviata, Giuseppe Verdi, Fenice, Venise, 1853.

« Que c'est triste Venise », dans l'album *Hier encore*, Charles Aznavour, 1964.

Où en est la nuit, Jean Hatzfeld, Gallimard, 2011.

Trop vite ! Jean-Louis Servan-Schreiber, Albin Michel, 2010.

Les Misérables, Victor Hugo, Lacroix Verboeckhoven et Cie, 1862.

Square du Vert-Galant, Robert Doisneau, 1950.

De toutes nos forces, Nils Tavernier, Nord-Ouest Production, 2013.

Entre courir et voler il n'y a qu'un pas papa, Jacques Gamblin, Le Dilettante, 2003.

Réparer les vivants, Maylis de Kerangal, Gallimard, 2014.

Les Nymphéas, Claude Monet, musée de l'Orangerie, Paris, 1902-1924.

Marathon Man, William Goldman, Delacorte Press, 1974.

Courir, Jean Echenoz, Éditions de Minuit, 2008.

Manuel pour ne pas courir idiot, Renée Greusard, Versilio/Rue89, 2014.

La Grande Course de Flanagan, Tom McNab, Hodder and Stoughton, 1982.

Sens plastique, Malcolm de Chazal, Sun, 1974.

Enquête, Hérodote, 445 avant notre ère.
La Fabuleuse Histoire des Jeux Olympiques, Robert Parienté et Guy Lagorce, ODIL, 1972.
« Mexico », dans l'opérette *Le chanteur de Mexico*, Luis Mariano, Théâtre du Châtelet, 1947.
L'Air et les Songes, Gaston Bachelard, Librairie José Corti, 1943.
Aimer courir, une passion à partager, Marion Roman, Éditions du Mesnil, 2012.
Gonna Fly Now, Bill Conti, United Artists, 1977.
« Le coureur de fond », *Villa Rosa*, Da Silva, 2013.
« Les poètes descendent dans la rue », dans l'album éponyme, Charles Trenet, 1999.
That's All Right, Elvis Presley, 1954.
« La musique que j'aime » dans l'album *Insolitudes*, Johnny Halliday, 1973.
« Le Pont Mirabeau », *Alcools*, Guillaume Apollinaire, Mercure de France, 1913.
La Course en tête, Jacques Geoffroy, Labor et Fides, 2006.
Courir les rues, Raymond Queneau, Gallimard, 1967.
Les Olympiques, Henry de Montherlant, Gallimard, 1954.
« Vieillir », dans l'album *Les Marquises*, Jacques Brel, 1977.
Cours toujours, Michel Volkovitch, Édition des Vanneaux, 2011.
Le Dico du running, Mathieu Le Maux, Flammarion, 2014.
Plaisirs des sports, Jean Prévost, La Table Ronde, 2003.
À quoi pensent les marathoniens ? textes Pierre Mathiote, photographies Jean-Marc Mouchet, Gereso Édition, 2011.
La Grande Illusion, Jean Renoir, 1937.
Roland Garros génie du geste et de la pensée, Jacques Mortane, Baudinière, 1938.

Autorisation de pratiquer la course à pied, Franck Courtès, JC Lattès, 2013.

Les Tournants de la gloire, Alain Giraudo, Le Monde Éditions, 1992.

Les Dernières Foulées, Pierre Naudin, Éditions Rencontre, 1968.

L'Orgue du stade, André Obey, Gallimard, 1924.

Dictionnaire historique de la langue française, Alain Rey, Le Robert, 1992.

Monsieur Spitzweg s'échappe, Philippe Delerm, Mercure de France, 2001.

Entretiens, Confucius, autour de 500 avant notre ère.

VO_2 max à l'épreuve du temps, Véronique Billat, Éditions de Boeck, 2013.

Courir, écrire, Daniel de Roulet, Zoé Éditions, 2000.

Florence vue depuis les jardins de Boboli, huile sur toile, Camille Corot, Louvre, Paris, 1840.

Courir, mourir, Marco Lodoli, Einaudi, 1992.

Born to Run, Christopher McDougall, Random House, 2009.

L'homme qui court, huile sur toile, Kasimir Malevich, Musée national d'art moderne, centre Pompidou, Paris, 1931.

Fouler, acrylique, pigment sur toile, (série de tableaux) Jean-Pierre Schneider, 2002.

Vases céramiques, collection d'art grec, Antiquité, musée Antoine Vivenel, Compiègne.

Vaincre à Olympie, Maurice Genevoix, Éditions du Rocher, 2004 ; *Euthymos, vainqueur olympique*, Flammarion, 1924.

Le Coureur, Jean-Jacques Goldman, 1997.

Dans ta foulée Ludmilla !, Raymond Gafner, Éditions du Grand-Pont, 1991.

Symphonie n° 2 en ré majeur opus 36, Ludwig van Beethoven, Theater an der Wien, Vienne, 1803.

« Cartier », dans l'album *Longue distance*, Robert Charlebois, 1976.

18 450 km en courant, Jamel Balhi, Cherche Midi, 1999.

Champions du monde, Paul Morand, Grasset, 1930.

Les Athlètes dans leur tête, Paul Fournel, Le Seuil, 1994.

Forest Gump, Robert Zemeckis, 1994.

L'attrape-cœurs, Jerome David Salinger, Little, Brown and Company, 1951.

Métamorphoses, Ovide, début de notre ère.

Atalante, marbre (copie d'une statue antique provenant de la collection de Mazarin), Pierre Lepautre, musée du Louvre, Paris, 1704.

Hippomène, marbre, Guillaume Ier Coustou, 1712.

Iliade, Homère, entre 850 et 750 avant notre ère.

Cours, Melos !, Osamu Dazai, 1940.

La Croisière sur le Snark, Jack London, Macmillan Publishers, 1911.

Composition en quatre couleurs, détail, moquette sur socle, Bertrand Lavier, musée d'Art moderne et contemporain, Saint-Étienne, 2011.

Carnet d'un biologiste, Jean Rostand, Stock, 1959.

The Arrival of the Winner of the Marathon Race, photo, André Castaigne, 1896.

Adressez-vous à l'auteur sur son site :
Bernardthomasson.com
(vous y trouverez aussi des photos en lien avec ce livre)
ou par twitter
@b_thomasson

Dans la même collection

Courir ou mourir

KILIAN JORNET

« Laisse l'instinct guider tes pas, il t'amènera vers ce que tu aimes. »

Qu'est-ce qui fait courir Kilian Jornet ? Quelles sont les pensées, les motivations profondes de cet extraterrestre du trail ? « Sky runner » à l'assaut des sommets et du ciel, il multiplie les exploits : quatre fois champion du monde de skyrunning, champion du monde de ski de montagne, il bat aussi des records en courses rapides comme la traversée du GR20, l'Ultra-Trail du Mont-Blanc ou l'ascension du Kilimandjaro.
De son premier « 4 000 » réalisé à l'âge de 7 ans au défi mondial Summits of my Life, Kilian Jornet revient sur son destin de champion. Cet athlète d'exception nous livre un témoignage palpitant sur sa passion pour la course et la montagne et sur sa philosophie de vie profondément ancrée dans sa pratique sportive et son amour pour les grands espaces.

ISBN : 978-2-0813-4807-3 – Prix : 5,90 € – 224 pages

La Frontière invisible

KILIAN JORNET

« Parce que nous sommes des hommes forgés par nos rêves. Parce que sans nos rêves, nous sommes morts. »

Après *Courir ou Mourir*, Kilian Jornet reprend la plume. Avec *La Frontière invisible*, celui que l'on surnomme « l'ultra-terrestre » livre une réflexion intime et poignante sur son amour des sommets, son besoin de solitude et son attirance pour les défis les plus insensés : records d'ascension du mont Blanc, du Cervin, etc. Grâce à un style très personnel où il mêle harmonieusement fiction et réalité, Kilian Jornet révèle la complexité de son identité tout en assumant ses choix. Pour lui, « vivre sans prendre de risques n'est pas vivre ».
Un ouvrage authentique, intense et terriblement humain, à l'image de son auteur.

ISBN : 978-2-0813-4789-2 - Prix : 6,90 € - 272 pages

NORD COMPO
multimédia

Composition et mise en pages
Nord Compo à Villeneuve-d'Ascq

N° d'édition : L.01EBNN000524.A002
Dépôt légal : septembre 2017
Imprimé en Espagne par Novoprint (Barcelone)